FELIX VON PAPEN

Ein von Papen spricht

Zeitgeschichtliche Forschungen

Band 69

Ein von Papen spricht

Von

Felix von Papen

Herausgegeben von
Vicky van Asch van Wijck

Mit einem Nachwort
von Peter Steinbach

Duncker & Humblot · Berlin

Bibliografische Information der Deutschen Nationalbibliothek

Die Deutsche Nationalbibliothek verzeichnet diese Publikation in
der Deutschen Nationalbibliografie; detaillierte bibliografische Daten
sind im Internet über http://dnb.d-nb.de abrufbar.

Umschlag: Felix von Papen
(Familienarchiv von Papen)

Alle Rechte vorbehalten
© 2024 Duncker & Humblot GmbH, Berlin
Satz: 3w+p GmbH, Rimpar
Druck: CPI Books GmbH, Leck
Printed in Germany

ISSN 1438-2326
ISBN 978-3-428-19282-3 (Print)
ISBN 978-3-428-59282-1 (E-Book)

Gedruckt auf alterungsbeständigem (säurefreiem) Papier
entsprechend ISO 9706 ♾

Internet: http://www.duncker-humblot.de

Editorische Vorbemerkung

Der hier vorliegende Text erschien als Privatdruck unter dem Titel „Ein von Papen spricht ... über seine Erlebnisse im Hitler Deutschland" 1938 in den Niederlanden. Orthographie und Zeichensetzung wurden für die Neuausgabe unverändert übernommen, um den authentischen Charakter des Zeitzeugenberichts beizubehalten.

Duncker & Humblot

Inhaltsverzeichnis

Vorwort 9

Ein von Papen spricht 10

„Ich sah mich frei und mit diesen Leuten abrechnen ..." Zur Neuausgabe der Erinnerung
von Felix von Papen an seine Haft 1933/34
   Nachwort von Peter Steinbach 46

Vicky van Asch van Wijck
   Geert Corstens im Gespräch mit der Tochter von Felix von Papen 89

Vorwort

Diese Schrift soll einem jeden Leser die Möglichkeit geben, einen Einblick in die nationalsozialistische Parteiwirtschaft zu erhalten.

Den Völkern muß immer wieder klar vor Augen geführt werden, daß Hitler und sein System nicht Deutschland verkörpern.

Hat nicht Hitler durch sein unsinniges Aufrüsten die ganze Welt in Aufregung versetzt?

Wurden die Völker durch das ewige Säbelgerassel nicht ebenfalls gezwungen zu rüsten?

Muß nicht jeder denkende Mensch erkennen, daß die vorübergehende Lösung des Arbeitslosenproblemes zu einer völligen Wirtschaftskatastrophe führen muß?

Obwohl diese Fragen von jedem Vorurteilslosen ohne Weiteres bejaht werden müssen, gibt es in allen Völkern der Erde Kreise, die im heutigen Deutschland das Mittel zur Genesung Europas sehen.

Mein Wunsch ist, daß diejenigen, die in den nationalsozialistischen Methoden das Heil der Welt erblicken, durch meine Veröffentlichung angeregt werden, ihren Standpunkt zu prüfen und zu ändern.

Ein von Papen spricht

Mein Weihnachtsfest 1933 mußte ich in dem berüchtigten Kolumbiahaus verbringen. Dort halten die Terrorhorden Adolf Hitlers auch heute noch unzählige Menschen in Schutzhaft.

Ich lag in einer Einzelzelle, drei Meter lang, zwei Meter breit. Die Einrichtung bestand aus einem Strohsack und einem Eßnapf. Ein kleines vergittertes Fenster spendete etwas Licht. Zur Verrichtung der Notdurft mußte man sich melden, es hing von den Launen dieser Kerle ab, ob man austreten durfte. Das Austreten der Häftlinge war immer ein Anlaß, diese mit Fußtritten zu bearbeiten. Das Handtuch hing nicht in unserer Zelle, sondern vor der Türe, weil es zu oft vorkam, daß Gefangene sich mit diesem Tuch erhängt hatten.

Da ein Kolumbiahäftling im Sinne des Systems kein Volksgenosse ist, also kein vollwertiger Mensch, war die Beköstigung dementsprechend. Wir erhielten am Morgen gefärbtes warmes Wasser, auch Kaffee genannt, und eine dicke Scheibe graues Brot mit Rübenmarmelade. Mittags gab es einen Liter dicke Suppe, natürlich ohne Fleisch, weiter nichts. Abends gab es wieder eine dicke Scheibe Brot, diesmal mit schlechtem Fett beschmiert.

An diesem Weihnachtsabend erhielten wir eine Wurst mit Kartoffelsalat. Gegen 6 Uhr abends wurde meine Zellentüre aufgerissen, ein SS-Mann schrie herein: „Raustreten, Weihnachtsliedersingen!" Ich trat heraus, sah aus den andern Zellen ebenfalls meine Leidensgefährten heraustreten. Ein mit uns gefangener Lehrer mußte dirigieren. Wir sangen „O du fröhliche, o du selige gnadenbringende Weihnachtszeit" ... und „Stille Nacht, heilige Nacht".

Es ist nicht möglich, mit Worten wiederzugeben, wie mir zu Mute war, an solch einem Ort, innerlich zerrissen durch die quälende Ungewißheit, vor mir die grinsenden Kerle, von denen ich nie wußte, was sie in der nächsten Minute mit mir anstellten.

In dieser weihnachtlichen Abendstunde hatte es der dirigierende Lehrer vorgezogen, seinem qualvollen Leben ein Ende zu machen. Es war gegen 10 Uhr abends, als ich auf dem Gang ein lautes Gebrüll hörte: „Der Schulmeister hat sich an seinem Hemd aufgebammelt!" Dieser tapfere Mensch hat getan, was viele unter uns getan hätten, wäre die Möglichkeit dazu günstiger gewesen.

Wie erfindungsreich dagegen die Lebensmüden in dieser Hölle wurden, einem solch unmenschlichen Dasein ein Ende zu machen, beweisen die Tatsachen, daß Gefangene durch ein möglichst geräuschloses Eindrücken der Fensterscheiben sich in den Besitz des Glases brachten und damit die Pulsadern aufschnitten. Außerdem kam es vor, daß Häftlinge ihre Löffel verschluckten, um in ein Krankenhaus gebracht zu werden. Es wurde daher untersagt, Löffel in die Zellen zu geben.

Und zur selben Stunde schreit man in den Äther hinaus: „Deutschland feiert im Zeichen der wahren deutschen Volksgemeinschaft das Fest der Liebe und des Friedens". Auf allen freien Plätzen stehen brennende Weihnachtsbäume, die die Verbundenheit der Regierung mit dem Volke beweisen sollten.

Das Liedersingen und der Tod meines Mitgefangenen hatte mich sehr erschüttert. Wie schon oft fragte ich mich wieder: Warum bist du hier? Ich überlegte: Seit dem 6. Dezember 1933 bist du ein Gefangener.

Warum? Weshalb?

Als ich 18 Jahre alt war, gehörte ich einige Monate der NSDAP an. Sollte mein schneller Austritt etwa die Begründung sein? Unmöglich! Das war ja schon fünf Jahre her. Habe ich irgendwelche Äußerungen getan, die mich hierherkommen ließen? Ich hatte keine Ahnung! Wie oft schon habe ich versucht, die Gründe meiner Inhaftierung zu erfahren. Vergebens! Ich beschloß, in den Hungerstreik zu treten, um dadurch der entwürdigenden Freiheitsberaubung ein Ende zu machen. Ich hielt nicht durch. Am zweiten Tag kippte ich um. Was hatte ich weiter für Abwechslung als das Essen? Ein Wortwechsel mit einem Mitgefangenen war nicht möglich. Unsere Wächter waren ja keine Beamten, die ihre Pflicht taten, sondern es waren Sadisten, die in der NSDAP diejenige Organisation gefunden hatten, die es ihnen erlaubte, ihre erotischen Verirrungen hemmungslos abzureagieren.

Bücher oder Zeitungen bekamen wir nicht. Die einzige Unterbrechung war, eine halbe Stunde auf dem Gefängnishof zu laufen, begleitet von der Schimpfkanonade der Soldaten Adolf Hitlers.

Die Nächte wurden durch die ständigen Prügelszenen und durch das Aufschreien der Mißhandelten, außerdem durch das häufige Aufreißen der Türen, wobei stets Meldung zu erstatten war, gestört. Jedes Nervensystem mußte dadurch unbedingt zerrüttet werden.

Eines Nachts verlor ich die Selbstbeherrschung. Alles in mir bäumte sich gegen diesen erbärmlichen Sadismus auf. Ich blieb liegen und schwieg. Das hatte ich teuer zu bezahlen. Die Sadisten erfanden für mich eine neue Quälerei. Ich wurde 24 Stunden in Handschellen gelegt. 24 Stunden die Hände, bei allen Verrichtungen, auch während des Essens, in einem Eisen geschlossen zu haben, ist an sich schon ein Martyrium. Hinzukommt, daß die Handschellen absichtlich so eng geschlossen wurden, daß die Gelenke anschwellen mußten.

Die quälende Ungewißheit, die furchtbare Atmosphäre, die in diesem Hause herrschte, trieb mich eines Nachts so weit, daß ich den Wachthabenden anschrie: „Kerl, wenn Du nicht sofort verschwindest, beiß ich Dir die Kehle durch!" Er verschwand. Am andern Morgen erschien der Kommandant Anger, ein kleiner schwächlicher Mensch, in Begleitung des Wirtschaftsinspektors. Der Kommandant schrie mich an: „Wie können Sie sichs erlauben, einen SS-Mann zu beleidigen!"

Ich schrie zurück: „Herr Kommandant, ich halte es einfach nicht mehr aus, ich lasse mir das nicht mehr gefallen!" „Nicht mehr gefallen", schrie der Inspektor und schlug gleichzeitig mit einer Latte solange auf mich ein, bis ich auf dem Boden lag. Ich möchte es mir ersparen, hier meine Verfassung und meine Gefühle aufzuzeichnen, die mich in diesem Moment überfielen.

Ein besonders typischer Fall aus diesem Hause ist die Affäre Schlesinger. Schlesinger war wegen angeblicher Rassenschande verhaftet worden. Er erhielt bei seiner Einlieferung 100 Schläge mit der Stahlrute. Die Folge war ein völlig zerfetztes Gesäß. Nach einigen Tagen erschien der Arzt Dr. Strauß und schnitt Schlesinger mit einer Schere die Fleischfätzen vom Körper, dabei sagte er zu den SS-Leuten: „Das Schwein kann nach einigen Tagen weitere 100 Schläge bekommen", was auch prompt geschah. Diese Kreaturen teilten die Schläge in Windstärke 1, 2 und 3, gleich 25, 50 und 100 Schläge.

Schlesinger erzählte mir später, er habe während der Prügelszene laut das „Vaterunser" gebetet und dadurch die letzten Schläge nicht mehr empfunden.

Ich beklagte mich eines Tages bei Dr. Strauß über heftige Herzschmerzen. Was geschah? Er ordnete an, mich 14 Tage lang jeden Abend durch die Gänge zu jagen, dabei bearbeiteten mich die SS-Leute mit Fußtritten.

Es gab aber auch einige anständige SS-Leute in diesem Hause, zum Beispiel kam es vor, daß in der Nacht SS-Leute zu mir kamen und sich halb weinend über ihre Tätigkeit beklagten. Übereinstimmend konnte ich immer wieder das alte Lied hören: „Das ist unser Brot, durch unsere lange Arbeitslosigkeit kamen wir in die Reihen Adolf Hitlers, jetzt gibt es leider kein Zurück mehr. Ein Austritt aus der Partei bedeutet für uns Hunger und dauernde Arbeitslosigkeit unter diesem Regime. Es ist furchtbar, auf anständige deutsche Männer schlagen zu müssen, glauben Sie uns, Herr von Papen, dieser Zustand ist für uns auf die Dauer unerträglich. Können Sie uns denn nicht eine Stellung besorgen, wenn Sie wieder in Freiheit sind? Wir hätten dann einen triftigen Grund, dieser Tätigkeit zu kündigen. Es gehört zu unserem Dienst, die Menschen hier so zu mißhandeln, andernfalls fliegen wir aus der Partei."

Am 11. Januar 1934 wurde ich nach dem berüchtigten Konzentrationslager Oranienburg gebracht. Vorher hatte man mich durch Boxhiebe gezwungen, 3 Mark für die Winterhilfe zu spenden. Natürlich wurden solche Gelder für Saufgelage der SS verwendet.

In Oranienburg brachte man mich gleich nach dem Zimmer 16, dort hauste der stellvertretende Kommandant Stahlkopf mit seinen Trabanten. Jeder Neuankömmling wurde hier mit Ochsenziemern und Gummischläuchen bearbeitet. Ich hatte jede Woche gemeinsam mit den Juden im Zimmer 16 zu erscheinen. Bei solch einer Prügelszene wurde mir das Steißbein zerschlagen.

Den furchtbaren inneren Kampf, den ich bei solchen entwürdigenden Szenen durchzumachen hatte, kann ich kaum beschreiben. Wie soll ich es nur sagen? Ich schäme mich zu leben und all dies eingesteckt zu haben. Ich schäme mich für alle andern, die ebenfalls diese Erbärmlichkeiten über sich ergehen lassen mußten. Ich werde wohl nie in meinem Leben völlig darüber hinwegkommen. Ich hätte mich wehren müssen, obwohl ich die absolute Gewißheit hatte, daß man mich beim geringsten Widerstand wie einen Hund über den Haufen schießen würde. Man wartete ja nur darauf. Warum tat ich es nicht? Gibt es dafür überhaupt eine Entschuldigung? Ja und Nein! Meist war ich so fertig, daß an ein Aufbäumen gar nicht mehr zu denken war. Ich war am Rande des Wahnsinns. Es kamen aber auch Stunden, an denen ich mir mit Ekel vorstellte, wie diese Unmenschen mich mit satanischem Vergnügen vielleicht noch lebend mit Fußtritten treten würden.

Es war seltsam. Gerade in den schwersten Momenten erfüllte mich ein innerer Glaube an meine Persönlichkeit. Ich sah mich frei und mit diesen Leuten abrechnen.

Stahlkopf, ein ungelernter Arbeiter, war früher froh gewesen, für 5 Mark täglich im Berliner Sportpalast Bänke tragen zu dürfen.

Zu den anständigen Arbeitern gehörte er keineswegs. War er doch seit 1924 rauher Soldat im Sinne Adolf Hitlers, das heißt, er gehörte zu den ganz alten Kämpfern, die sich als besonders hemmungslose Sadisten hervortaten; deshalb hatte man ihm diesen Prügelposten ausgesucht.

Sein Äußeres war dementsprechend: ein kleiner, untersetzter Mann mit niederer Stirn, Rundschädel und den typisch schmalen Sadistenlippen.

Es war an einem Freitag, als ich in Oranienburg eintraf, 48 Stunden später wurde mir nach dem Aufstehen gesagt, daß ich nicht wie die andern Häftlinge Arbeitsruhe hätte, man habe für mich eine besonders schöne Arbeit ausgesucht.

Das hatte man auch!

Ich mußte, kontrolliert von meinen Mitgefangenen, mich den ganzen Tag auf dem Gelände herumtreiben und Streichhölzer, Zigarettenstummeln, Papierfetzen, kurz alles, was nicht Erde und Kies war, aufsammeln. Meine Bewachung waren Leidensgefährten. Was taten sie? Sie schrien und brüllten mich genau so an wie die SS- und die SA-Leute. Ich konnte keinen Unterschied entdecken. Und so kam es, daß ich, außer einer ganz kurzen Essenspause, mich bis zum Einbruch der Dunkelheit dauernd bückend auf dem Gelände bewegen mußte. Todmüde fiel ich auf mein Lager und sah nicht mitleidige, sondern bis auf wenige Ausnahmen schadenfrohe Gesichter. So ist der Mensch! Selbst getreten und zerschunden, empfindet er Genugtuung, wenn ein anderer gequält wird und er zusehen darf. In meinem Fall war es der SA gelungen, die Lagerinsaßen gegen mich aufzuputschen. Ich war der „Herr Baron", der feine Pinkel, der Verwandte des berühmten Mannes usw. usw.

Ich mußte leider feststellen, daß die Mehrheit der gefangenen Kommunisten sich am Anfang mir gegenüber abscheulich benahmen. Während meiner Lagerzeit konnte ich immer wieder beobachten, daß zwischen den gefangenen Kommunisten und der SA, trotz aller äußeren scharfen Gegensätze, eine innere Verwandtschaft bestand. Sie winde zur Solidarität, wenn es galt, einen „Klassenfeind" zu schikanieren. In meinem Falle konnten zum Beispiel die Kommunisten ihre Freude nicht darüber verbergen, daß ich periodisch verprügelt wurde.

Ähnliche Erfahrungen mußte auch der Reichswehrmajor Dr. Schröder-Nordheim, ein Herr von 52 Jahren, erleben. Dr. Schröder-Nordheim war wegen angeblicher Beleidigung Hitlers in Oranienburg und wurde dort „erzogen". Bei dieser „Erziehung" wurde er so zugerichtet, daß er heute noch in ärztlicher Behandlung ist und wahrscheinlich nie mehr gesund wird.

Diese gemeinsame Grundhaltung ist kein Rätsel, wenn man weiß, daß der Berliner Rot-Frontkämpferbund nach seinem Verbot die Formationen stellte, mit denen Herr Goebbels Berlin eroberte. Die Gemeinsamkeit von Nationalsozialismus und Kommunismus, die wir ja nicht nur in der Behandlung des politischen Gegners, sondern auch in der Verwaltung und der Wirtschaftsführung täglich beobachten können, ist eine ideologische, ja sie wirkt sich sogar bis in die höchsten Parteistellen aus.

Frau Emmi Göring verkehrte, als sie noch die mittlere Schauspielerin war, mit Vorliebe in jüdisch-marxistischen Kreisen. In dieser Zeit war sie mit einer Frau Hirsch befreundet. Frau Hirsch war die Mutter des Redakteurs der „Roten Fahne", Werner Hirsch. Die „Rote Fahne" war bekanntlich das leitende Organ der Kommunistischen Partei Deutschlands. Hirsch, nach der Propaganda der Nationalsozialisten vor dem Reichstagsbrand, ein besonders gefährlicher Verseucher deutschen Geistes mit „jüdisch-marxistischem" Gift, wurde natürlich sofort nach der Eroberung Deutschlands von den Siegern in Schutzhaft genommen. Aber was geschah? Frau Emmi Göring, damals noch Frau Sonnemann, erinnerte sich... Besonders empörte sie, daß Hirsch geprügelt wurde. Sie setzte durch, daß er eine Sonderbehandlung bekam und im Herbst 1934 entlassen wurde. Aber damit noch nicht genug! Ihr Einfluß war so groß, daß Hirsch auf legalem Wege nach Rußland reisen konnte und das geschah in einem Lande und von Leuten, die sich die ganz besonders rücksichtslose Bekämpfung des Bolschewismus auf die Fahnen geschrieben hatten.

Da wir gerade bei der seelischen Gemeinsamkeit von Nationalsozialismus und Kommunismus sind, muß ich ein Beispiel dafür bringen, daß ehemalige kommunistische Führer heute Vertrauensposten im Dritten Reich haben. Der Feldwebel des Nebenlagers in Oranienburg, sein Name ist mir leider entfallen, brüstete sich, daß seine zerschossene Hand die Folge eines Feuerüberfalls von Nationalsozialisten auf Kommunisten sei. Er selbst war seinerzeit Adjutant des Führers des mitteldeutschen Aufstandes Max Hölz. Ein immerhin ziemlich gefährlicher Bolschewist.

Innerhalb unseres Lagers befand sich eine Sonderabteilung, „die Festung". Zur Zeit der Monarchie wurden Offiziere, die sich etwas zuschulden kommen ließen, sowie politische Gegner der jeweiligen Landesfürsten, die wegen ihrer Gesinnung gefährlich waren, zu Festungshaft verurteilt. Es war eine Ehrenhaft und ihre Bedingungen waren dementsprechend. Ganz abgesehen davon, daß heute in

Deutschland politische Gegner verprügelt und ermordet werden, gilt heute die Festungshaft vornehmlich für Parteigenossen, die bei der Ausübung ihrer Ämter entgleist sind. Diese Leute werden heute von den Parteigerichten zu Festungshäftlingen gestempelt und ehrenvoll behandelt. Also die Begriffe haben sich genau in das Gegenteil verwandelt.

Eine nähere Beschreibung dieser Festungshäftlinge würde dem Leser schon alleine einen Einblick in die heutige Sittenlosigkeit der Parteiwirtschaft Deutschlands geben. Ich kann nur auf einige näher eingehen.

Im Mai 1938 las ich in der Baseler „Nationalzeitung", daß ein Willi Brandner von Herrn Henlein, dem Führer der sudetendeutschen Partei in der Tschechoslowakei, zum Chef des Sicherheitsdienstes im Sudetengebiet ernannt worden sei.

Zu meiner Zeit war dieser Brandner Festungshäftling, weil er Parteigelder unterschlagen hat. Es war erstaunlich, wie gut er es verstand, sich im Lager Vergünstigungen zu verschaffen. Er war so schmutzig, seine eigenen Kameraden zu bespitzeln und dann bei dem berüchtigten Stahlkopf Meldung zu erstatten. Einmal wurde auch ich sein Opfer. Ich hatte mich des öfteren mit einigen intellektuellen Kommunisten unterhalten. Brandner beobachtete das und verpetzte mich beim Stahlkopf. Die Folge war, ich wurde mißhandelt.

Unter den Festungshäftlingen fiel mir ein gewisser Lippok auf, ein stattlicher junger Mann, der ganz sympathisch wirkte. Lippok war der Diener von Frau Magda Goebbels, der Gattin des Reichspropagandaministers. Eines Tages erzählten mir einige Festungshäftlinge, daß Lippok nicht wisse was er tun solle, er könne frei kommen, wenn er eine Erklärung unterschreibe, worin er sich als Dieb hinstelle. Schließlich kam Lippok selbst zu mir. Die Geschichte dieses Mannes ist überaus bezeichnend für die Zustände im dritten Reich. Frau Goebbels hatte eines Tages die Idee, daß es zum guten Ton gehöre ein Verhältnis mit ihrem Diener zu haben. Vielleicht wollte sie aber auch ihrem Mann nicht nachstehen... Lippok wagte es, die Werbung der Frau Goebbels abzulehnen. Er hatte eine feste Braut. Die also verschmähte sann auf Rache und erfand, daß ihr Diener Geld von ihrem Nachttisch gestohlen habe.

Deshalb war er in Oranienburg. Lippok war sehr empört, daß man ihm zumutete, eine solche entehrende Erklärung zu unterschreiben. Er weigerte sich. Wir versuchten ihm klar zu machen, daß er doch besser in der Freiheit um sein Recht kämpfen könne. Er befolgte unserem Rat und wurde entlassen. Später erfuhr ich, Lippok sei nocheinmal in das Kz. gekommen weil er gesagt habe, „Frau Magda Goebbels ist doch ein Schwein". Er war also nicht zu seinem Recht gekommen.

Ein anderer Festungshäftling war der SA-Sturmbannführer Hoffman, der persönliche Adjutant und erotischer Freund des am 30. Juni 1934 erschossenen Fehmemörders Heines. Edmund Heines war bis zum 30. Juni Polizeipräsident von Breslau. Hoffman sagte bei seiner Entlassung: „Ich gehe jetzt wieder zu meinem

Freund Heines, er hat mich zwar wegen meiner erotischen Untreue hieher kommen lassen, aber wenn der mich sieht, wird er doch wieder schwach."

Von den vielen Mißhandlungen, die ich in diesem Lager über mich ergehen lassen mußte, möchte ich nur einen Fall schildern. An einem kalten Sonnabendabend befahl man mich in den Duschraum; hier mußte ich ungefähr 20 Minuten lang unter 30 kalten Duschen hin und her laufen. Es schien mir, als weiche alles Leben aus meinem Körper. Ich fühlte mich nur noch als Eisklumpen. Eigentlich war ich dem Zusammenbrechen nahe. Aufrecht erhielt mich mein Stolz, ich wollte denen nicht zeigen, daß sie mit ihren Gemeinheiten Erfolg hätten.

Wie ich auf mein Lager kam, weiß ich heute nicht mehr. Es mag gegen zwei Uhr gewesen sein, als mich einige SA-Leute aus dem Schlaf rissen und mich auf den Hof schleppten. Dort hatte ich Freiübungen zu machen, und wurde dabei mit Riemen geschlagen. Schwer kam ich wieder auf mein Lager zurück. Dort stand, obwohl es mitten in der Nacht war, Stahlkopf, dieser schrie mich an: „Sie wollen doch ein adliger Ehrenmann sein und lassen sich dies alles gefallen? Dein Verwandter, das Schwein, hat uns stürzen wollen, seine Rede in Marburg sollte das Signal zum Losschlagen sein. Er hat sich aber geirrt! Die Reichswehr steht zu uns. Diesen Kerl können wir nicht kriegen, dafür sollst du die Wucht bekommen. Mit Euch adligen Schweinen werden wir schon noch fertig werden." Er reichte mir mit einem undefinierbaren Ausdruck seinen entsicherten Revolver und schrie mich: „Da, mach Schluß mit Deinem Leben, raus kommst ja doch nicht mehr. Marsch, lauf um die Ecke, das ist schnell vorbei." Mit Blitzesschnelle erkannte ich in diesem Moment die Hintergründe, die Dusche, die Freiübungen und Mißhandlungen, alles war raffiniert ausgeklügelt. Diese Bande wollte meinen Tod. Beinahe hätten sie es auch geschafft, hätte ich nicht das ganze Manöver noch mit einer hellseherischen Sicherheit durchschaut. Vielleicht hätte ich den Revolver genommen, so aber schrie ich den Kerl an: „Diesen Gefallen werde ich Ihnen nicht tun! Sie können mit mir machen was Sie wollen, erschießen oder zutode prügeln, das ist mir heute ganz wurst, einen Selbstmord mache ich nicht!" Ich fiel auf meine Pritsche.

Es ist erstaunlich, wie der Instinkt des Menschen ihn in seinen schwersten Momenten vor der Katastrophe schützt. Solche Gefahrmomente glücklich überstanden zu haben, war ein herrliches Gefühl, sie hoben mein Selbstbewußtsein und gaben mir Kraft, neue Gefahren zu überstehen.

Die kalte Dusche und die nächtliche Behandlung auf dem Hof hatten zur Folge, daß ich einen schweren Gelenkrheumatismus bekam. Ich war völlig steif, sogar das Kauen war mir nicht mehr möglich. Man konnte mir nur noch Flüssigkeiten einflößen. Es waren die mitgefangenen Kommunisten, die jetzt alle Gegensätze vergaßen und mich anständig pflegten. Ich möchte ganz gerecht sowohl das Positive als auch das Negative, das ich erfahren mußte, niederschreiben.

In Stahlkopf war nach der furchtbaren Nacht eine Wandlung vor sich gegangen. Dieser primitive Mensch zeigte sich jetzt nicht nur menschlich, sondern nach und nach, wie es bei diesen Halbtieren nun einmal ist, anhänglich. Ich wurde sein

Schreiber. Dieser neue Posten war eine Vorzugsstellung. Er gab mir Gelegenheit, vieles zu hören und zu sehen, was den anderen Lagerinsaßen nicht möglich war. Besonders konnte ich das Leben der SA unter sich beobachten. Ich sah die ganze Primitivität dieser „Erretter" Deutschlands, ich erlebte ihre einfach kindliche Unwissenheit und Ahnungslosigkeit und obwohl ich, soweit man als Gefangener befriedigt sein kann, mich etwas behaglicher in meiner Umgebung fühlte, spürte ich doch immer wieder die ganze Unsicherheit, die über uns allen schwebte. Ich fühlte, daß der Boden unter unseren Füßen schwankte; der 30. Juni 1934 bereitete sich vor.

Wir Gefangene ahnten, daß es im Schoße der Deutschland tyrannisierenden Partei gährte. Wir merkten, wie unsere Wächter unsicher und damit freundlicher wurden. Nach und Nach hörten die Mißhandlungen auf, auch die Verprügelungen der Neueingelieferten wurden unterlassen, wie ich dies auf meinem Posten feststellen konnte. Die Einlieferungen erschütterten mich, ich erlebte immer wieder die meinige. Mein Verhältnis zu Stahlkopf wurde, je näher die drohende innere Katastrophe der Partei kam, ein immer besseres. Stahlkopf wurde jovial. Es kam z. B. vor, daß Stahlkopf, der um 9.30 Uhr endlich zum Dienst kam, sagte: „Guten Morgen, Herr von Papen. Haben Sie gut geruht?" Oder: „Wie ist Ihr Befinden?"

Aber es konnte auch anders kommen; denn diese Primitiven sind unberechenbar.

Es war ein schöner Maimorgen. Stahlkopf saß im Nebenzimmer und ich schrieb eine Entlassung aus. Dabei sah ich aus dem Fenster und sagte halblaut vor mich hin: „So ein schöner Tag und man muß hier so zwecklos sitzen und noch zusehen, wie andere Leute in die Freiheit hinausgehen." Das hatte Stahlkopf gehört und rief zu mir herüber: „Was willst Du denn, Du lebst doch hier wie im Sanatorium! Du darfst Sonnenbäder nehmen und hast sogar Fleisch!" Stahlkopf hatte mir am Tage vorher großmütig ein Stück Fleisch spendiert. Ich rief zurück: „Was, Sanatorium nennen Sie das hier! Diese Freiheitsberaubung mit diesen Mißhandlungen! Und ausgerechnet Sie sagen mir das, zumal Sie mir das Steißbein kaputtgeschlagen haben und ich von Ihnen noch Narben trage!" Stahlkopf war das offensichtlich sehr peinlich, denn während dieses Gespräches kamen zwei neue SA-Leute in das Zimmer. Als die Leute gegangen waren, kam Stahlkopf auf mich zu, packte mich an der Brust und schrie: „So, jetzt werden wir abrechnen! Marsch mit Dir zum Sanitäter." Wir gingen zum Sanitäter und ich zeigte ihm die Narben, sowie das immer noch stark geschwollene Steißbein. Aber Stahlkopf mußte jetzt zeigen, wer er war, deshalb brüllte er: „Wenn Du die gute Behandlung nicht ertragen kannst, dann marsch mit Dir zum Moorgraben, von heute ab bist Deinen Schreiberposten los!" Es war gerade um die Mittagszeit, deshalb brüllte er weiter: „So, jetzt gehst Du fressen und in 10 Minuten meldest Du Dich wieder, dann bekommst Du Deine Abreibung."

Dem wollte ich aus dem Wege gehen. Mich zwang irgend etwas, das mächtiger war als ich. Ich schlug mir mit einer Rasierklinge in die Gegend der linken Pulsader. Das ist so leicht niedergeschrieben und es ist wahrscheinlich auch gar nicht möglich, mit Worten den Moment einer solchen Handlung wiederzugeben. Es war, als riß ein elektrischer Strom das Messer immer wieder zurück. Der Lebenswille wehrte sich gegen den Tod. Vielleicht hatte dieses gerade verhindert, daß die paar Schnitte, die ich mir beibrachte, zu gefährlich wurden. Ich wurde bewußtlos. Im Lager herrschte große Aufregung. Stahlkopf kam erregt zu mir gelaufen und sagte zaghaft: „Was haben Sie denn gemacht?" Ich schrie ihn an: „Das ist Ihr Werk. Wollen Sie den Befehl rückgängig machen oder nicht?" Stahlkopf, verwirrt und unsicher wie er und seinesgleichen damals schon waren, antwortete: „Ja, Sie bleiben mein Schreiber." Ich blieb's.

Wie feige diese Kerle sind und wie wenig sie bereit waren, die eroberte Macht gegen drohende Gefahren zu verteidigen, zeigt besonders drastisch die auf einmal entstehende Brüderschaft zwischen dem großen Antisemiten Stahlkopf und seinem Gefangenen, dem Juden Schlesinger. Dabei handelte es sich um den Schlesinger, den ich in dem Kapitel Kolumbiahaus erwähnte. Stahlkopf schämte sich keineswegs, den Schlesinger zu bitten, ihm eine gute Stellung in einer jüdischen Firma zu verschaffen und berief sich dabei auf seine alte Parteinummer. Wer will es Schlesinger verdenken, daß er die Angst des Allgewaltigen ausnutzte. Er machte Urlaubsreisen, allerdings unter Bewachung, die aber mit sich reden ließ. Ich versuchte nun ebenfalls, Urlaub zu erhalten, natürlich auf „Nimmerwiedersehen". Aber Stahlkopf hatte eine gute Nase. „Du Schwein, damit Du's ebenfalls so machst wie der Seeger." Seeger gelang es als Einzigem, aus dem Lager Oranienburg zu flüchten.

Bevor wir zum 30. Juni im Lager übergehen, möchte ich noch zwei Episoden wiedergeben. Das Lager wurde des öfteren von höheren Parteifunktionären und ausländischen Reportern besucht. Interessant dabei war, daß die Lagerleitung das Lagerleben mit den verlogensten Mitteln als ein Sanatorium hinzustellen versuchte. Eines Tages erschien ein englischer oder amerikanischer Journalist, der mich fragte, ob ich geschlagen würde, was ich bejahte, obwohl mir solch eine Aussage streng untersagt war. Als die Besucher fort waren, brüllte der Lagerkommandant Hörnig mich an: „Wie können Sie es wagen…". Ich schrie zurück: „Herr Kommandant, ich habe mir die Worte Ihres Führers zu Herzen genommen. Ein Deutscher lügt nicht, nur ein Jude lügt!" Hilflos brüllte er zurück: „Jawohl, Sie sollen lügen!" In diesem Augenblick trat der schon erwähnte Major Dr. Schröder-Nordheim hervor und sagte: „Herr Kommandant, ich schlafe in der Nähe des Herrn von Papen, sein Zustand ist derart, daß eine Bestrafung ernste Folgen haben könnte. Ich bitte, die ihm zugedachte Strafe in Empfang nehmen zu dürfen, da mein Zustand noch ein besserer ist." Damit war der Kommandant entwaffnet.

Später erfuhr ich von Dr. Olbertz, daß dieser saubere Kommandant in Haft genommen wurde, weil die Kasse des Lagers Oranienburg nicht stimmte.

Der damalige Regierungspräsident der Mark Brandenburg, Wilhelm Kube, hatte ebenfalls den Wunsch, das Lager zu besichtigen. Nach kurzer Inspektion ladete er sämtliche SA-Leute zu einem Sauf-Gelage ein: „Eine Belohnung muß sein für diesen strengen Beruf", meinte Herr Kube; deshalb gab er seinen SA-Kameraden die Erlaubnis, nach Herzenslust auf seine Kosten zu saufen. Die Getreuen Adolf

Hitlers besorgten dies ebenso gründlich wie ihren Dienst; wir Häftlinge dagegen hatten nur die Reaktionen solcher Saufereien zu spüren. Auch Kube gehört zu den alten Kämpfern, die es mit ihren Rechtsbegriffen nicht ernst nehmen. Auch er glaubte, auf Grund seiner alten Parteinummer alle Rechte für sich in Anspruch nehmen zu können; deshalb tat er eines Tages einen guten Griff in die Kasse. Was hatte er auch zu fürchten, tat er nicht ebenfalls nur das, was seine Kollegen täglich machten? Er wußte doch, daß all diese Brüder als arme Schlucker an die Macht kamen, in kurzer Zeit aber über allen äußern Luxus verfügten. Warum sollte gerade er zurückstehen? Wer hatte ihm überhaupt etwas zu sagen? Unter sich waren diese sich einig. Die Unterschlagung ließ sich aber nicht verheimlichen; deshalb mußte Kube aus der Mark Brandenburg verschwinden. Er erhielt als Belohnung eine angesehene Position in Bayern.

Der 30. Juni 1934.

Wer erinnert sich noch? Unsere Zeit ist so schnellebig, sie vergißt. Aber dieser Tag zittert heute noch in Deutschland nach, er erregt immer wieder das Weltgewissen. Auch ich bin nicht in der Lage, mich nur auf die Ereignisse in Oranienburg zu beschränken, auch ich muß noch dazu Stellung nehmen. Ein Tag des Entsetzens, ein Tag, an dem die Ohnmächtigen, Unfähigen, Verantwortungslosen ihre Drohung wahr machten: „Es werden Köpfe rollen!" Sie rollten.

Adolf Hitler, der Niemandem verantwortliche Machthaber Deutschlands, und seine Spießgesellen, die sich ebenfalls Niemandem verantwortlich fühlten, mordeten darauf los. Das Land zitterte. Alles schaute nach der wirklichen Rettung aus, nach der Armee. Schleicher ante portas! Davor zitterte der machtgierige Adolf Hitler. Er sah aber auch, wie sich Alle, die ihn gemacht hatten, bemühten, sich ihrer Puppe (Hitler) zu entledigen. Näher und näher rückte auch die Todesstunde des alten Reichspräsidenten Von Hindenburg. Wehe ihm, wenn…

Der Sturz in die Tiefe ist schaurig, wenn man aus der Tiefe kommt. Die soziale Lage wäre längst gelöst, wenn Armut nicht so häßlich wäre. Nicht wahr, Herr Hitler? Deshalb ermordete Hitler seine Kameraden, die bedenkenlosen Gesellen, denen er, Beute versprechend, seine Beute, heute 80 Millionen Menschen, verdankt. Deshalb mußten die verwöhnten Lieblinge des Emporkömmlings, wie Röhm, Ernst, Heines und Genossen ins Gras beißen. Fort mußten aber auch die Wertvollen samt den Gefährlichen, die ihn aus dem Nichts emporgehoben hatten. Der Gott der Deutschen sollte nach dem 30. Juni 1934 unübertrefflich sein. Hitler mußte den deutschen Genius verkörpern. Er sollte nach dem Tod des alten Hindenburg der Führer des deutschen Volkes sein. Das ist Ihnen, Herr Hitler, gelungen. Allerdings nicht ganz, soweit reichte Ihre Macht nicht, die Armee ließ sich wohl die Ermordung einiger gefallen. Aber alle? Nein! Sie hatte schließlich die Maschinengewehre! Der Preis, den Sie bezahlten, Herr Hitler, war, daß Sie sich Ihrer Treuesten entledigten. Nicht mehr! Sie haben damit nicht, wie Sie der Welt dekretierten, die deutsche Revolution beendet, sondern Sie haben sie damit gefördert! Sie haben sich damit nicht auf Ewigkeit in den Sattel gesetzt. Im Gegenteil, die Revolution frißt ihre eigenen Kinder und Sie sind auch ein Kind der Revolution.

Der 30. Juni 1934 in Oranienburg ist ein klassisches Beispiel dafür, daß die breite, ungeschulte deutsche Masse unfähig ist, für Ideen zu sterben, die nicht befohlen werden. Es ging ein erbärmliches Zittern durch diese tapferen Männer. Ich gestehe, man konnte Mitleid mit ihnen haben. Zuerst, es war am 30. Juni abends 9 Uhr, erschienen 50 Mann der Stabswache Hermann Görings, eine militärische Formation. Sie forderten von der SA die Herausgabe sämtlicher Waffen, wobei der kommandierende Hauptmann freundlich lächelnd erklärte: „Wir haben soeben einen SA-Mann erschossen, der Kerl hat sich geweigert sein Gewehr abzugeben!" An und für sich war es ein Leichtes, vermittels der gut eingebauten Maschinengewehre sehr schnell mit dem Hauptmann und Gefolge fertig zu werden. Aber wer sollte den in Deutschland nun einmal notwendigen Befehl dazu geben? Unser allgewaltiger Herr Stahlkopf bekam es mit der Angst zu tun. Er zeigte die Waffenlager, denn weder er noch die Seinigen hatten die Absicht zu sterben, zumal sie auch nicht recht wußten wofür. Drei Tage später erschien die SS. Sie war vorsichtiger als die rein militärische Stabswache, weil man auch in der SS lieber lebt als stirbt. Sie umzingelte zuerst das aller Waffen bare Lager und hatte sich sogar zwei Tanks mitgebracht. Es sah schauerlich aus! Nach diesen Vorsichtsmaßnahmen von Parteigenossen gegen Parteigenossen hielt Herr SS-Brigadeführer Eicke, Chef aller Konzentrationsläger Deutschlands, seinen Einzug. Die SA zeigte keine Haltung. Der wachhabende Posten vor dem Tor ließ vor Schreck sein Gewehr fallen. Auf dem Hof versammelte sich nun die angstschlotternde SA mit ihren gewaltigen Führern Hörnig und Stahlkopf. Mit schnarrendem Ton tat Herr Eicke seinen SA-Kameraden kund, daß er jetzt die Lagerleitung übernehme, die SA sei nur noch Gast im Lager. Jeder SA-Mann habe die Pflicht, sich schleunigst nach einem bürgerlichen Beruf umzusehen. Es gab lange Gesichter, denn von diesen Brüdern hatten in den letzten Jahren nur wenige gearbeitet, diejenigen die gearbeitet hatten, machten sich zur rechten Zeit an Leute wie Schlesinger heran. Andere suchten sich zur rechten Zeit einen Reservefond zu schaffen, wie z.B. unser Küchenchef. Dieser Kerl hatte schon geraume Zeit vorher damit begonnen, seine Kameraden um einen Teil ihrer Fleischration zu bringen. Er verschleppte sie nach Hause. Dieser Kerl hatte es auch jetzt besonders eilig mit dem Anbiedern bei dem neuen Herrn. Als Eicke seine sehr kurze Ansprache beendet hatte, stürzte er auf ihn zu, nahm die notwendige stramme Haltung an, dabei versuchte er seinen Bauch möglichst zu verbergen und schrie mit militärischem Stimmaufwand: „Herr Brigadeführer, ich bitte um meine Aufnahme in die SS." Er blitzte ab. Nach diesen tragikomischen Ereignissen herrschte natürlich bei uns ein ziemliches Durcheinander. Die SA-Leute waren plötzlich unsere Kameraden. Sie suchten unsere Hilfe. „Kameraden", so predigten sie uns eindringlich, aber gar nicht mehr brüllend, sondern ziemlich leise, „wir müssen doch jetzt gegen diese schwarzen Teufel zusammenhalten". Die schwarzen Teufel beeilten sich jedoch uns allen sofort zu erklären: „Wir sind gerade so im Zug. Wir kommen frisch vom Morden aus München." Ein SS-Mann, es waren dabei auch anständige Typen, machte einen sehr erschöpften Eindruck. Er erzählte mir: „Wir sind seit drei Tagen nicht mehr aus den Kleidern gekommen. Die Erschießungen in Stadelheim, das war furchtbar." Er schüttelte sich. „Wir alle sind ganz kaputt. Ja, was denken Sie, drücken? Wir mußten mitmachen. Nach jeder Erschießung mußten wir die Hülse vorzeigen. Wer nicht geschossen hätte, wäre auch erschossen worden." Der Mann war ganz aufgeregt und erzählte mir weiter: „Ich hatte einmal eine Ladehemmung. Na können sich denken! Ich bin vor Schreck aus den Latschen gekippt, Gott sei Dank, dabei ging der Schuß schon los." Er atmete tief auf und wischte sich den Schweiß von der Stirn.

So erschütternd diese Darstellung war, so wenig konnte sie uns beruhigen; die schwarzen Gesellen haben ihre Mordlust noch nicht abreagiert. Ihr nächstes Opfer war Erich Mühsam.

Eicke ernannte, bevor er das Lager verließ, seinen Adjutanten Erath zum Kommandanten. Dieser neue Herr über Leben und Tod in Oranienburg machte auf uns keinen vertrauenserweckenden Eindruck. Er hatte die mir inzwischen sehr vertraut gewordene typische Sadistenerscheinung. Seinem Äußeren machte er leider alle Ehre. Unser entthronter Gott Stahlkopf trat zum letztenmal auf. Er ließ die Gefangenen vor Herrn Eicke marschieren und machte ihn auf die Prominenten aufmerksam. Als Eicke im Vollgefühl seines Triumphes und seiner Macht dastand und uns musterte, hatte ich den Eindruck, daß ich bei ihm gut abschnitt. Andere, z. B. Mühsam hingegen sehr schlecht. So war es auch. Bereits am nächsten Tag begann die Tragödie Erich Mühsams Erath ließ den kränklichen, durch Mißhandlungen und Entbehrungen fast tauben Mühsam zu sich kommen und gab ihm den Befehl, sich innerhalb dreier Tage aufzuhängen, andernfalls müßten sie es besorgen.

Mühsam, der überhaupt während der ganzen Zeit einen wunderbaren Mut zeigte, erklärte diesem „Ehrenmann" sofort, daß er gar nicht daran denke. Nur wenigen erzählte er von diesem Vorfall, doch fiel es allgemein auf, daß er seine Habseligkeiten verschenkte. Am dritten Tag, abends, wurde Erich Mühsam zum Kleiderreinigen beordert. Es war sein letzter Gang. Am andern Morgen fanden wir ihn erhängt auf dem Abort. Die Juden wurden zusammengerufen und mußten ihn fortschaffen. Erich Mühsam war für jedermann eine achtunggebietende Erscheinung, wegen seiner inneren Sauberkeit und seiner unbeirrbaren Überzeugungstreue. Er machte sogar auf unsere vertierten SA-Leute Eindruck. Rührend war es für mich, wenn alle paar Wochen die Frau Mühsam ihn besuchen kam. Diese tapfere Frau wirkte auf ihn mit ihrer kernigen Frische belebend. Ihr Abschied voneinander war herzzerreißend. Die Ermordung Mühsam's erschütterte uns sehr. Wir ahnten Schlimmes. Friedrich Küster sagte zu uns – er, Franz Künstler und ich standen zusammen –: „Kinder, paßt auf, jetzt kommen wir an die Reihe. Wir wollen uns versprechen, daß jeder, der von uns übrig bleibt, dafür sorgt, daß die Wahrheit an den Tag kommt. Keiner von uns wird sich jemals aufhängen." Darauf gaben wir uns die Hände. Ich löse hiermit mein Wort ein und bringe die Wahrheit an den Tag.

Aus besonderer Boshaftigkeit hatte man mich gleich nach meiner Ankunft in Oranienburg dazu ausersehen, die Wagen der Parteigrößen zu waschen, obwohl andere Lagerinsaßen bestimmt dies besser gekonnt hätten. Zwei Tage nach dem Tode Mühsams hatte ich die mich ärgernde Aufgabe, den Horchachtzylinder des Herrn Eicke zu waschen, dabei lief mir der gute Mann gerade über den Weg und ich, ohne mir die Folgen zu überlegen, trat vor Eicke hin, schlug meine Holzpantinen zusammen und sagte ziemlich erregt: „Herr Brigadeführer, fast neun Monate werde ich hier festgehalten und weiß nicht warum. Ich kann und will nicht mehr. In ein anderes Lager bekommen Sie mich nicht mehr. Ich habe mir schon einmal die Pulsader aufgeschnitten und werde es ein zweitesmal tun, aber diesmal richtig. Dieses Leben führe ich nicht mehr weiter." Dabei stand vor mir drohend, daß das Lager aufgelöst würde. Auf Eicke machte mein Auftreten sichtlich Eindruck. Er empfand, daß dazu Mut gehörte. Er sah mich wohlwollend an: „Wenn das stimmt, was Sie sagen, werde ich Sie morgen entlassen. Ich fahre morgen nach Berlin zum Führer, da werde ich zum Gruppenführer befördert (das Protzen konnte er nicht unterlassen, er wollte bei mir auch einen guten Eindruck machen) und sehe mir Ihre Akten bei der geheimen Staatspolizei an." Punkt 6 Uhr des andern Tages rollte der neugebackene, mit frischen Lorbeeren behängte Gruppenführer Eicke an. Ich sprang auf den Wagen zu und sagte: „Herr Gruppenführer Eicke, ich melde mich zur Stelle." Eicke sagte: „Ich kann alle hier entlassen, nur Sie nicht." Also so weit ging die Macht des Allmächtigen nun doch nicht. Wer war der letzte, der seine Hand über mich hielt? „Ich danke Ihnen, Herr Gruppenführer, ich weiß was ich zu tun habe." Ich war empört und niedergeschlagen. Eicke, auf mich zuspringend und mir auf die Schulter schlagend: „Das werden Sie nicht tun, seien Sie vernünftig, in 14 Tagen habe ich Sie frei, mein SS-Wort darauf. Morgen muß ich Sie noch nach Lichtenburg verladen lassen, das kann ich Ihnen leider nicht ersparen. Ich habe aber angeordnet, daß Sie eine besonders gute Behandlung bekommen."

Ich hatte das Glück, Herrn Eicke in einer guten Laune anzutreffen. Es hätte auch anders kommen können, denn die Unberechenbarkeit der Sadisten habe ich zur Genüge kennen gelernt. Vielleicht hat die persönliche Erschießung seines Kameraden Röhm doch Nachwehen hinterlassen. Vielleicht war es aber auch die Freude über seine Beförderung, die ihn diesmal menschlich stimmte. Der wahre Charakter des Chefs aller Konzentrationslager ist ein anderer. Eicke findet die größte erotische Genugtuung beim Zuschauen der Mißhandlungen wehrloser Schutzhäftlinge.

Erath, der unzweifelhaft Böses gegen mich im Schilde führte, konnte mich zwar nicht mehr erhängen lassen, er schikanierte mich aber dadurch, indem er mir zum Abschied die etwas nachgewachsenen Haare wieder abrasieren ließ.

Am nächsten Tage wurden wir auf 13 Lastautos, natürlich streng bewacht, nach Lichtenburg an der Elbe gebracht. Abends gegen 6 Uhr fuhren wir einer alten Festung entgegen, unser neues Gefängnis. Wir waren alle müde, mit Staub bedeckt, durstig, weniger hungrig, und eigentlich froh, daß die Fahrt zu Ende ging. Als unser Wagen, auf dem ich saß, auf dem Festungshof einrollte, bot sich mir eine scheußliche Szene. Der Lager-Kommandant stand auf dem riesigen Hofe, umgeben von einem umfangreichen Stab SS-Leute aller Chargen und brüllte: „Was, Ihr Schweine, Ihr kommt aus einem Konzentrationslager und könnt noch nicht mal von einem Wagen springen? Das werde ich Euch beibringen, rauf, runter, rauf, runter, he, Sie da, das klappt noch nicht. Noch einmal rauf, runter, rauf, runter!"

Die Gehetzten fielen in den Dreck des Hofes, sie taumelten wieder auf den Wagen, stürzten wieder herunter, ein wahrhaft höllischer Betrieb! Uns ging es nicht besser, wir wurden wie die Hammel sinnlos hin und her gejagt. Das was ich während des Hetzens und Jagens denken konnte, war: „Also haben sie doch recht gehabt, die uns gesagt hatten, daß Oranienburg eine Sommerfrische gegenüber Lichtenburg sei." Wer darin säße, käme nicht heil heraus. Schwer atmend, Furcht vor dem Neuen empfindend, wurden wir brutal nach scharfen Gegenständen durchsucht. Und nun erst, bei Einbruch der Dunkelheit, erfolgte der Namensaufruf. Als mein Name fiel, rief der Kommandant mich zu sich, mit einer vollendeten Höflichkeit in der Begrüßung, die so gar nicht in sein bisheriges Auftreten hineinpaßte. „Herr von Papen, ich bin von Herrn Gruppenführer Eicke beauftragt, Ihnen mitzuteilen, daß Sie in 14 Tagen entlassen werden. Bleiben Sie bei mir, ich bringe Sie in eine besondere Zelle." Der Kommandant, sein Name ist mir leider entfallen, führte mich in meine „Vorzugszelle". Vorzugszelle sagte ich und möchte damit andeuten, wie die Verhältnisse in Lichtenburg waren. Es war ein kleiner Raum, der sich vor mir auftat. Darin saßen 3 Gefangene, die mich mit einem „Noch einer!" nicht sehr freundlich empfingen. Die Betten (Pritschen) standen übereinander. Im Gegensatz zum Kolumbiahaus herrschte hier insofern Komfort, als der Abortkübel in der Zelle aufgestellt war. Es waren Gefangene in Sicherheitsverwahrung, das heißt, es waren keine politischen Gefangenen, sondern kriminelle, die als angeblich Unverbesserliche nach Verbüßung ihrer Strafe weiter gefangen gehalten wurden. Man hatte die Unverschämtheit, uns mit diesen kriminellen Verbrechern einzusperren. Meine Zellengenossen waren Zuchthäusler, die 17, 12 und 8 Jahre hinter Mauern verbracht hatten. Eine wirklich sehr angenehme Zellengemeinschaft. Mit dem Ehrenkodex der Verbrecherwelt wurde ich während meiner Haft etwas vertraut. So war es für die Leute selbstverständlich, daß sie mir alle Arbeit abnahmen, z.B. Betten bauen, Zellen reinigen, Kübel herausbringen und ähnliches. Der Kommandant hatte die Order erteilt, mich von jeder Arbeit zu befreien.

Am andern Morgen riß ein SS-Mann unsere Zellentür auf und brüllte hinein: „Papen, raustreten, zum Kommandanten kommen. Los, los, Bewegung, Kerl, kannst Du noch nicht schneller laufen? Marsch, marsch." In diesem Tone erging sich der Mann bis zum Zimmer des Kommandanten. Er riß die Türe auf, schlug die Hacken zusammen und meldete: „Von Papen zur Stelle", er trat zur Seite, ich trat vor. Der Kommandant löste sich aus einer Gruppe von SS-Leuten, trat auf mich zu, reichte mir die Hand und begrüßte mich freundlich lächelnd. „Guten Morgen, Herr von Papen, bitte nehmen Sie Platz." Mit einer leichten Verbeugung schob er mir einen Stuhl hin. Wir setzten uns. „Ich habe Sie hierher gebeten, um Ihnen heute nochmals zu sagen, daß Herr Gruppenführer Eicke Sie mir besonders empfohlen hat. Ich bitte Sie, machen Sie keine Dummheiten. Sie kommen bestimmt heraus. Übrigens, wie haben Sie geschlafen. Haben Sie einen Wunsch oder eine Klage?" „Ja, Herr Kommandant, es befremdet mich, daß Sie mich zu Schwerverbrechern gelegt haben." „Aber ich bitte Sie, Herr von Papen, das müssen Sie verstehen. Das habe ich getan, damit Sie sehen, wie wenig Ihre neun Monate gegen die siebzehn und zwölf Jahre, die diese Leute schon hinter sich haben, sind. Ich denke, Sie können dann die wenigen Tage, die Sie hier noch zuzubringen haben, viel leichter ertragen." Eine etwas sonderbare, aber sicherlich ehrlich gemeinte Art, jemandem eine unschuldig erlittene Freiheitsberaubung und Mißhandlungen schmackhaft machen zu wollen. Der Kommandant versicherte mir noch, daß er Befehl gegeben habe, mich von jeglichem Dienst zu befreien. Ich solle meine Wünsche und Klagen ruhig vorbringen, er stünde immer zu meiner Verfügung. Mir freundlich die Hände schüttelnd begleitete er mich zur Türe. Mit meinem SS-Mann war eine merkwürdige Veränderung vor sich gegangen, ich hörte kein „marsch, marsch" und keine Schimpfworte mehr, sondern „bitte, Herr von Papen" und Türenaufmachen und schüchterne Versuche, sein vorheriges Benehmen zu entschuldigen, kurz eine geradezu groteske Furcht des Knechtes, der fürchtet, in Ungnade gefallen zu sein. Wenn ich gestehen soll, so muß ich sagen, daß mich die Zeit in Lichtenburg irgendwie zu amüsieren anfing. Diese hemmungslosen Sadisten, deren Treiben ich zu beobachten ausgiebig Gelegenheit hatte, waren mir gegenüber von einer übertriebenen Höflichkeit, ich möchte sagen, Servilität. Sehr schnell hatte es sich herumgesprochen, daß die Hand des allmächtigen Herrn Eicke und damit diejenige des Lokalgottes, des Herrn Kommandanten, über mir ruhte. Jedermann fürchtete, daß ich noch mächtiger werden könnte und hoffte, daß für ihn, wenn er sich mir gegenüber zivilisiert benahm, auch etwas herausspringen könnte. Die SS war wirklich nicht besser als die SA. Die Angst um das bißchen Posten und Leben, die Furcht vor dem Verlust des bequemen und verantwortungslosen Daseins, ließ diese Knechte kriechen. Auch die brutalen Sadisten aus dem Kolumbiahaus, die ich zu meinem Entsetzen jetzt hier Dienst machen sah, machten hierbei keine Ausnahme. Bevor ich meinen triumphalen Auszug aus Lichtenburg schildere, möchte ich bemerken, daß ich hier neben vielen hochgestellten SA-Führern auch die „obskure Persönlichkeit" des Herrn Hitler in seiner Reichstagsrede vom Juli 1934 als Gefangener fand. Ich meine Herrn von Alvensleben, den Vorsitzenden des Deutschen Herrenklubs, der am 29. Januar 1933 unter den Hugenberg, Hindenburg und Konsorten eine Panikstimmung zugunsten Hitlers dadurch verbreitete, daß er aufgeregt in den Kaiserhof hineinstürzte und schrie: „Schleicher ist mit der Garnison von Potsdam in Anmarsch", womit Herr Hitler Reichskanzler wurde. Man kann es dem Herrn von Alvensleben nicht verdenken, wenn er im Lager Lichtenburg wie ein Irrer herumlief und ständig schrie: „Hitler war so oft mein Gast und jetzt hat er mich hier eingesperrt." Genau am 14. Tage meines Lichtenburger Aufenthaltes wurde ich nachmittags um 2 Uhr zum stellvertretenden Kommandanten eines SS-Sturmbannführers gebeten. Im Kommandantenzimmer wurde ich von ihm feierlich empfangen. „Herr von Papen, ich habe die freudige Aufgabe, Ihnen mitzuteilen, daß Sie jetzt Ihren Weg in die deutsche Volksgemeinschaft wiederfinden. Soeben ist aus Berlin telegraphisch Ihre sofortige Entlassung angeordnet worden." Er schüttelte mir dabei strahlend die Hand. „Wir haben jetzt noch einige Formalitäten zu erfüllen", sagte er, „und leider habe ich noch die unangenehme Aufgabe, Ihnen zu sagen, daß Sie sich morgen früh um 10 Uhr auf der Geheimen Staatspolizei in Berlin zu melden haben. Ich glaube, man legt Ihnen eine Meldepflicht auf. Sie werden wohl Berlin nicht verlassen dürfen." Der stellvertretende Kommandant war sehr besorgt um mein Wohlergehen und bot mir an, daß ich mich doch noch vorher im Lager rasieren lassen solle. Ich zog es vor, mich in der Freiheit verschönern zu lassen, man konnte nicht wissen, sicher ist sicher. Inzwischen rannten sich die SS-Leute meinetwegen die Hacken ab. „Herr von Papen, darf ich Ihnen Ihre Koffer holen?" Oder ein anderer: „Soll ich Ihnen noch schnell etwas besorgen?" Nach Verabschiedung von dem Kommandantenstellvertreter auf dem Wege aus der Festung gab es noch einige ängstliche Anfragen, wie: „Herr von Papen, nicht wahr, wir haben doch alle Ihre Wünsche erfüllt? Sie können sich doch nicht über uns beklagen?" Schließlich gab es am Tor noch ein regelrechtes Spalier von SS-Leuten und die Wache präsentierte das Gewehr. „Rührend", sagte ich und war draußen. Da stand ich nun und wagte nicht zurückzublicken. Ich glaube, meine ersten Schritte in die Freiheit waren merklich unsicher. Aber etwas Merkwürdiges regte sich in mir. Eine innere Stimme sagte: „Du hast es noch nicht überstanden, Du bist noch nicht frei." Ich hatte nun den Wunsch, ein Glas Bier zu trinken. Ganz in der Nähe befand sich eine Wirtschaft. Etwas unsicher trat ich ein, ging zum Schenktisch und bestellte mir ein Glas Bier. Schon bei meinem Eintritt spürte ich, daß sich alle Blicke auf mich richteten und die Gäste traten an mich heran, während die Wirtin einschenkte. „Sie kommen doch von da drüben?" fragte mich ein älterer Mann und deutete mit dem Daumen in Richtung Lager. Ich nickte. „Das sieht man Ihnen an." Ein prüfender Seitenblick, gespannte Gesichter.

„Sagen Sie, kennen Sie...?"

Ich schüttelte den Kopf.

„Mit uns können Sie ruhig sprechen. Das ist ein Gesindel da oben." „Ich kenne ihn wirklich nicht." „Na wissen Sie, so ein Dicker, Großer, ein Gastwirt von hier, der ist schon ein paar Wochen drin, den sollen sie ja fürchterlich behandeln, jetzt muß er den Abort reinigen." „Ah, richtig", ich erinnerte mich, „ich weiß nur den Namen nicht."

Und nun ging es los. Die Gäste waren biedere Bürger Lichtenburgs die sich die innere Anständigkeit, die vor dem Dritten Reich in Deutschland selbstverständlich war, bewahrt hatten. Sie erzählten mir wahre Schauerdinge Der Gastwirt, der dort so furchtbar behandelt wurde, hatte den SS-Leuten sein Lokal verboten, weil sie wohl bei ihm soffen und praßten und sich so abscheulich benahmen, daß sich jeder Anständige von seinem Lokal fernhielt, aber ihre Zeche nur selten bezahlten. Wenn man bedenkt, daß diese Leute 3 Mark pro Tag Sold bekamen, ist das alles verständlich. Ein anderer Bürger Lichtenburgs, ein Metzgermeister, welcher erklärt hatte: „Solch einem Mörderpack verkaufe ich nichts", kam ebenfalls ins Lager Lichtenburg. Der brave Mann sprach nur das aus, was alle Lichtenburger dachten.

Ich lief zum Bahnhof und wartete auf meinen Zug, welcher mich nach Berlin bringen sollte. Er kam auch schon.

Als ich in den Speisewagen eintrat, fühlte ich wieder alle Blicke auf mich gerichtet. Mein kahlrasierter Kopf, mein völlig entnervtes und innerlich zerrissenes Aussehen mußte natürlich auffallen. Mit zitternder Hand trank ich meine Tasse Kaffee und dachte bei mir: „Nun bist du frei! So also sieht die langersehnte Freiheit aus, alt und müde, leer und nicht mehr in der Lage eine Freude zu empfinden." So saß ich da: „Das haben sie mit dir nun angerichtet, diese hitlertreuen Gesellen. Was soll aus solch einem Wrack werden? Wie willst du den Kampf um dein Dasein weiterführen?" Ich fühlte mich halb tot. „Zuerst mal wieder richtig schlafen, deinen dünnen Nerven wieder Nahrung geben, es wird dann schon werden." So versuchte ich mich zu beruhigen. Wie Schatten zogen die Gedanken an mir vorüber. Ich konnte sie kaum mehr wahrnehmen.

Doch ein warmer Gedanke war da. Ich hatte einen Menschen, der zu mir gehörte, meine Frau. Freunde und Verwandte waren nicht mehr da, alle aus derselben Angst in den Verdacht zu kommen, staatsfeindlich gesinnt zu sein.

In Berlin angekommen, fiel ich todmüde in mein Bett. Der mir bevorstehende Gang zur Geheimen Staatspolizei ließ mich früh erwachen. Um neun Uhr war ich schon dort. Ich nahm mir vor, in Erfahrung zu bringen, warum ich diese Freiheitsberaubung über mich ergehen lassen mußte; um endlich diese quälende Ungewißheit durch irgend eine Begründung loszuwerden.

Der Abteilungsleiter der Dienststelle IId erklärte mir kurz: „Wir haben Sie versuchsweise entlassen, um zu sehen, ob Sie auch schweigen können. Sie haben sich wöchentlich zweimal auf Ihrem Polizeirevier zu melden und dürfen Berlin nicht verlassen. Sollte uns das Geringste zu Ohren kommen, dann wissen Sie ja…?"

Auf meine Frage, weshalb man mich neun Monate auf diese Weise festgehalten habe, gab er mir die unlogische Antwort: „Haben Sie noch nicht genug? Sie können gehen."

Ich stand nun wieder auf der Straße. Das also war die Antwort. „Ich werde nicht ruhen, bis ich die Gründe erfahren habe", sagte ich mir. Immer wieder klang es in meinen Ohren, versuchsweise entlassen. Eine üble Laune eines Parteimannes kann dich morgen wieder in die Hände der deutschen Tscheka bringen. Es gibt also für einen entlassenen Schutzhäftling keine Freiheit mehr. Im Lager wagte ich noch immer an eine Gerechtigkeit zu glauben, jetzt mußte ich klar erkennen, daß der Schmutz in Deutschland regiert und es eine Utopie ist, von solchen Elementen eine Gerechtigkeit zu erwarten. Also fort von diesem Land, das sich dein Vaterland nennt.

Deutschland hat ein anderes Gesicht bekommen, es ist mir fremd geworden.

Für mich stand es nun plötzlich fest, was ich zu tun hatte. Zuerst die Zähne wieder in Ordnung bringen lassen, wieder ein Mensch werden. Alles Niedere abwaschen und dann verschwinden, natürlich ohne Paß. Der Paß wurde ja jedem Häftling weggenommen.

Auf dem Wege zum Zahnarzt lief mir eine Bekannte in den Weg. Sie war über mein Aussehen sehr erstaunt und wollte es nicht fassen, daß dies in Deutschland möglich sei. Entrüstet erzählte sie ihrem Mann von meinem Aussehen. Dieser hatte nichts besseres zu tun, als sofort Meldung zu erstatten, ich hätte Greuelmärchen über Oranienburg verbreitet.

Noch in derselben Nacht wurde ich nochmals verhaftet. Diesmal war es die Feldpolizei, ein Unterorgan der Geheimen Staatspolizei, die ursprünglich ins Leben gerufen wurde, um gegen meuternde Parteigenossen vorzugehen, die meine Verhaftung vornahm. Während ich mich anzog, erklärten mir diese Kerle, ich brauche mich weder zu rasieren noch zu waschen, auch hätte ich keine Wäsche mehr nötig. Auf Grund meiner Erfahrungen wußte ich nun sofort Bescheid. Ich ging ins Bad, dort gelang es mir, trotz der Bewachung, einige Rasierklingen in die Tasche zu stecken.

In den schwersten Augenblicken handelt der Mensch nach Eingebungen. Ich war ruhig und meiner Situation völlig bewußt. Mit wachem Geist ließ ich die nächsten Minuten an mir vorüberziehen. Was konnte einen Menschen, der so oft dem Tod in die Augen gesehen hatte, noch entsetzen. Der Morgen brach herein, grau in grau sah ich alles an mir vorüberziehen, als ich im offenen Wagen Richtung Heerstraße-Grunewald gefahren wurde. Die Richtung, die meine Begleiter einschlugen, zeigte mir, daß ich mit meiner Annahme recht hatte. Meine Rasierklingen beruhigten mich dabei sehr. Gaben sie mir doch die Möglichkeit, diesen Elementen zuvorzukommen.

Ich mußte dabei an Hanussen denken, den bekannten jüdischen Hellseher. Graf Helldorf, der jetzige Polizeipräsident von Berlin, und andere hohe Parteiführer ließen Hanussen im Grunewald zertreten und dort einscharren, weil er es wagte, sein Geld, das er ihnen geliehen hatte, zurückzufordern. Ich selbst konnte Helldorf vor der Machtübernahme des öfteren in Begleitung Hanussens im Skalarestaurant in halb betrunkenem Zustande antreffen. Helldorf erklärte schon während der Kampfzeit, daß er die Partei nur als Geschäft betrachte, da das Gut seines Vaters völlig verschuldet sei.

Nachdem er zu Macht und Würden gekommen war, hielt er es nicht für nötig seinen völlig verarmten Vater zu unterstützen. Er läßt es sogar zu, daß sein Vater durch Zimmervermietungen und das Heiratsbüro seiner Frau sich kläglich durchschlägt.

Helldorf hat sich durch die aktive Beteiligung an der Reichstagbrandstiftung im Sinne der Partei sehr verdient gemacht; allerdings würde er sich heute nicht mehr zu dieser Tat überreden lassen, denn auch er steht in den Reihen der Enttäuschten. Viele mußten auf solch eine tragische Weise ihr Leben im Grunewald beendigen.

Fiebernd wartete ich auf einen günstigen Augenblick, mir die Pulsader zu öffnen. Dieser kam auch. Die erste Straßenbahn war in Sicht, sie brachte die Arbeiter zu den Deutschen Motorenwerken, die sich außerhalb von Spandau befinden. Mein Fahrer wurde durch die Straßenbahnhaltestelle gezwungen, seine Fahrt kurz zu unterbrechen. Diesen Augenblick benutzte ich, mir mit Blitzesschnelle die Pulsader zu öffnen. Ich schrie in meiner Verzweiflung laut hinaus: „Soweit werden Deutsche im Zeichen der Volksgemeinschaft getrieben". Ich hatte das Gefühl eine große Leistung vollbracht zu haben, stark floß das Blut aus meiner Pulsader. Meine Begleiter brachten mich in ihrer Aufregung zum nächsten Polizeirevier; dort wurde mir der Arm abgebunden. Die Blutung konnte man dort nicht stillen, deshalb wurde ich in das Städtische Krankenhaus in Spandau gebracht. Durch meine Verzweiflungstat gelang es mir, diese Elemente von ihrem Vorhaben abzubringen. Es ist nicht zu beschreiben, welche Energie dazu gehört und wie weit der Mensch sein muß, eine solche Tat, auf die Sekunde abgezirkelt, zu vollbringen.

Im Krankenhaus wurde ich sofort von der dort amtierenden Ärztin narkotisiert und genäht. Ich brauchte ihr nichts zu sagen, meine Umgebung und mein Aussehen sagten ihr alles, sie wies die Feldpolizisten aus dem Operationssaal und sagte ihnen, mein Zustand sei derart, daß ich das Krankenhaus nicht verlassen könnte. Die Feldpolizisten erklärten dagegen, sie müßten mich auf alle Fälle mitnehmen, um mich in ihr eigenes Lazarett zu bringen. Dagegen legte die Ärztin Verwahrung ein. Nachdem diese Kerle den Operationssaal verlassen hatten, setzte sich die Ärztin wohlwollend zu mir und sagte: „Ich kann es mir denken, was diese Kerle mit Ihnen vorhatten, deshalb darf ich Sie auf keinen Fall mehr in deren Hände geben. Es ist jetzt 6 Uhr, um 8.30 Uhr werde ich mich mit der Geheimen Staatspolizei in Verbindung setzen und werde diesen Sadisten klar machen, daß Sie unbedingt hier bleiben müssen. Endlich muß einmal mit diesen Methoden Schluß gemacht werden."

Durch die große Anstrengung und den starken Blutverlust, schlief ich ein. Beim Erwachen stand die Ärztin vor mir: „Ich habe einen großen Kampf mit der Geheimen Staatspolizei geführt, ich konnte jedoch mein Ziel nicht ganz erreichen. Sie kommen in das Staatskrankenhaus Berlin, das ist alles, was ich fertig brachte. Ich habe Sie bereits bei meinen Kollegen avisiert, Sie sind dort bestimmt in sicheren Händen." Eine Stunde später wurde ich auf der Bahre liegend nach dem Staatskrankenhaus gebracht. Trotz meines schwachen Zustandes, ahnte ich, daß mein eigentlicher Kampf mit diesen Elementen erst begann. Es stand aber für mich fest, daß ich mich unter keinen Umständen mehr gefangen halten ließe, dabei gelobte ich mir, sofort in den Hungerstreik zu treten, um entweder in wenigen Tagen tot oder endgültig frei zu sein. Dabei blieb ich auch.

Im Staatskrankenhaus angekommen, wurde ich im Operationssaal von einem großen Kreis Ärzte erwartet. Dem leitenden Professor, ich glaube er hieß Stumm, erklärte ich sofort mein Vorhaben, er lächelte und sagte mir wohl wollend: „Glauben Sie mir, das haben schon viele versucht, doch keiner hat es durchgeführt, die Qualen sind zu groß. Sind Sie vernünftig! Wir werden Sie solange hier krank halten, wie Sie es wünschen, damit Sie nicht mehr in die Hände der Geheimen Staatspolizei kommen."

Noch zu schwach, alles wahrnehmen zu können, wurde ich nach oben gebracht. Dort war ich unter ständiger Bewachung eines Polizeibeamten, der alle paar Stunden abgelöst wurde.

Meinen Entschluß zu hungern habe ich von der ersten Minute an wahr gemacht. Ich nahm weder Nahrung, noch Flüssigkeit zu mir. Ich hatte ja schon einen Vorgeschmack von den Hungerqualen bekommen, durch meinen schon einmal versuchten Hungerstreik. Es ist einfach jämmerlich, so dazuliegen und den Körper allmählich mit dem klaren Bewußtsein und eigenem Entschluß austrocknen zu fühlen. Das Dürsten war am schrecklichsten! Zeitungen konnte ich am zweiten Tag nicht mehr lesen. Die Buchstaben tanzten vor meinen Augen. Die Ärzte ahnten, daß ich meinen Entschluß wahr machte und versuchten mit allen Mitteln mich zu überreden. Sie mußten mir sogar auf Befehl der Geheimen Staatspolizei mitteilen, daß sie mich mit Traubenzucker künstlich ernähren müßten. Auf mich machte diese Erklärung keinen Eindruck mehr. Ich sagte den Ärzten, daß es strafbar sei und ich mich dagegen wehren würde, solange mein körperlicher Zustand dies zuließ. Sie kamen nun auf die Idee, mir einen Wiener Schauspieler in meinen Raum zu legen. Durch dessen reichlichen Appetit sollte ich zum essen animiert werden. Vergeblich! Die Herren unterschätzten meine innere Entschlossenheit.

Am dritten Tag fühlte ich mich federleicht, der schwerste Kampf schien mir schon überwunden zu sein. Ich sah den Tod nicht mehr als Schrecken, sondern als Erlösung. Die Ärzte wurden immer aufgeregter und stellten nun der Geheimen Staatspolizei ein Ultimatum, entweder ihnen die sofortige Erlaubnis zu meiner Entlassung zu geben, oder mich abzuholen. Die Geheime Staatspolizei wählte das letztere, erklärte aber den Ärzten, ich würde zu einer kurzen Vernehmung abgeholt und dann sofort entlassen. Eine halbe Stunde später wurde ich auch schon von vier Feldpolizisten weggeschleppt. Das Versprechen, mich frei zu lassen, war natürlich nur ein Vorwand. Ich wurde in diesem Zustande noch in eine Zelle der Feldpolizeikaserne Berlin-Alexanderplatz gebracht. Ich muß gestehen, daß mich dies alles nicht berührte. Ich fühlte mich allem Irdischen enthoben und irgendwo im Weltenall schweben.

Es war ein herrliches Gefühl!

Manchmal aber kamen mir auch die Gedanken: „So soll nun dein Leben enden, hinter Kerkermauern sollst du die letzten Stunden verbringen. Wie trügerisch waren doch alle deine Ideale." Eine Haßregung empfand ich nicht mehr, in mir war Friede und Harmonie eingekehrt.

Es mag gegen zehn oder elf Uhr abends gewesen sein, als plötzlich meine Zellentür aufgerissen wurde, ein Mensch in Zivil trat ein und sagte: „Sie sind doch von Papen?" was ich bejahte. Er betrachtete mich und schrie die Leute, die mit ihm eintraten an: „Schaut her, so wird bestes deutsches Blut im Zeichen der deutschen Volksgemeinschaft zugerichtet". Er jagte die drei Feldpolizisten aus meiner Zelle und setzte sich zu mir. Er stellte sich als Dr. Olbertz vor und erklärte mir ergriffen: „Meine Kollegen aus dem Staatskrankenhaus riefen mich heute nachmittag an und erzählten mir von Ihrem Fall. Die Geheime Staatspolizei habe ihnen zwar erklärt, daß von Papen sofort entlassen würde, jedoch müßten sie dies bezweifeln, deshalb baten sie mich als zuständigen Arzt, mich Ihrer anzunehmen. Erregt sprach er weiter: „Ich kann es nicht mehr dulden, daß schon wieder ein Opfer aus diesem Hause getragen wird. Ich werde alles versuchen, Sie freizubekommen. Meine Kollegen aus dem Staatskrankenhaus werden mich hierbei unterstützen. Ich verspreche Ihnen, bis morgen früh um neun Uhr hören Sie von mir." Er ging.

Nun kamen auch die Feldpolizisten und fragten mich, ob ich irgend einen Wunsch hätte. Ich verneinte alles. Am andern Morgen, gegen halb neun Uhr wurde ich mit Hilfe von zwei Feldpolizisten zur Vernehmung gebracht. Der Vernehmungsleiter namens Krüger erklärte mir, ich hätte Greuelmärchen über Oranienburg verbreitet.

Plötzlich wurde die Tür aufgerissen, Dr. Olbertz sprang herein und schrie mir entgegen: „Sie sind frei!" Die Vernehmung wurde abgebrochen. Zwei Sanitäter, die schnell herbeigeeilt kamen, brachten mich in das Offizierskasino, dort nahm ich die erste Flüssigkeit wieder zu mir.

Dr. Olbertz und der Vernehmungsleiter Krüger erschienen und drückten mir freudigst die Hand, sie erklärten mir aber, daß meine Meldepflicht noch verschärft worden sei und ich mich nun dreimal wöchentlich zu melden hätte. Durch nebenstehende Schreiben ist meine Meldepflicht sowie das Nähen der Pulsader ersichtlich.

Ich war also dem Leben wiedergegeben. Dieser Sieg ließ aber sofort in mir den Entschluß reifen, den Kampf bis zum Letzten durchzuführen. Ich wollte Adolf Hitler zu einem klaren Bekenntnis zu dieser Freiheitsberaubung zwingen. Ich ließ mich nach Hause fahren. Für meinen neuen Vorstoß gegen die Geheime Staatspolizei hatte ich nach all diesen Erlebnissen erst mal eine längere Ruhepause nötig.

Einige Tage danach erschien in meiner Wohnung Dr. Olbertz; da ich nicht anwesend war, bat er um meinen Anruf. Wir verabredeten uns noch für denselben Abend und trafen uns in einem Lokal.

Olbertz erzählte mir gleich bei seiner Ankunft, daß er seinen, ihn stets begleitenden Feldpolizisten in ein anderes Lokal geschickt hätte. Ich staunte darüber und bat ihn um eine nähere Erklärung. Er sagte: „Ich bin genau so wenig meines Lebens sicher wie Sie. Wer ist das in Deutschland heute überhaupt noch? Selbst Himmler wurde vor kurzem auf seiner Fahrt nach Karinhall, dem Besitz Hermann Görings,

Geheimes Staatspolizeiamt

B.-Nr. 47755 - II 1 D.
Bei Rückantwort stets anzugeben.
- 4815 -

Berlin SW 11, den 26. Oktober 1934.
Prinz-Albrecht-Strasse 8

Herrn

Felix von P a p e n

in B e r l i n W.

Auf Ihre Eingabe vom 23. 10. 34 teile ich mit, dass ich nach Prüfung des Sachverhalts keinen Anlass habe, die gegen Sie ausgesprochene Meldepflicht zur Zeit aufzuheben.

Im Auftrage:

Stempel

Ka.

Stadt Berlin
Bezirksamt *Spandau*
Krankenhaus *Spd.*

Postscheckkonto Nr. *Bln. 4244*
Fernsprecher: *C. I. 4081*
Aktenzeichen: *Haffa*

Berlin, den 19. 5. 1936

RECHNUNG
FÜR AMBULANTE BEHANDLUNG

Nr.	Name	Mitgl.-Nr.	Behandlung		Einzelpreis R.M. / Rpf.	Gesamtpreis R.M. / Rpf.
			Dauer / Anzahl	Art		
181	*Felix v. Papen*			*Nähte*		
	Charlottenburg		1	*Verband b.*		
				Schnittw. a. l.		
				Handgelenk	2 25	2 25
				am 3. 9. 34		

Wir ersuchen, diesen Betrag innerhalb einer Woche an die Kasse unserer Anstalt in den Kassenstunden von 9 bis 13 Uhr zu zahlen oder auf das oben bezeichnete Konto einzuzahlen. Zweck der Zahlung und obiges Zeichen bitten wir genau anzugeben.
Zahlungen können rechtswirksam nur an die vorbezeichneten Stellen geleistet werden.

I. A.

Ges. Krkh. 164. Rechnung für ambulante Behdlg.
Mat. 10322 Din A 5. 10000.1.32.

Städtisches Krankenhaus
Berlin-Spandau

durch eine Kugel am linken Arm verletzt. Ich mußte meinen Sanitäter erschießen, weil ich ihn auf frischer Tat ertappte, wie er mit Hilfe anderer Feldpolizisten wehrlose Gefangene fürchterlich zurichtete, er kam auf die abscheuliche Idee, den Hilflosen giftige Salzsäure in die Harnröhre einzuspritzen. Ich sperrte ihn ein, als er sich aber zur Wehr setzte, sah ich einen Grund, diesen Kerl über den Haufen zu knallen. Seit dieser Zeit werde ich mit Drohbriefen überhäuft. Vor einigen Tagen wurde ich abends beim Überschreiten des Hofes von der Feldpolizei beschossen, glücklicherweise traf keine Kugel. Göring erstattete ich Meldung darüber, er befahl einen ständigen Schutz für mich und ordnete an, daß ich mich stets in Begleitung eines uniformierten Feldpolizisten zu bewegen habe. Dr. Olbertz erzählte mir noch viele Einzelheiten, die mir einen erschütternden Einblick in das heutige System gaben. Auf meine Frage, weshalb er diesen Posten weiter bekleiden würde, sagte er mir: „Wenn ich gehe, kommt auf meinen Posten doch nur so ein Sadist, wie dieser Dr. Strauß, den Sie ja auch reichlich kennen. Ich kann so etwas mit meinem Gewissen nicht vereinbaren." Weiter berichtete mir Dr. O., daß der Kampf unter den Parteiführern täglich schlimmere Formen annehmen würde, einen besonders starken Kampf führe der Reichsjustizminister Gürtner mit Himmler. Ich ging erschüttert, aber dennoch im Innersten gefestigt nach Hause, mit dem Entschluß, im geeigneten Moment das Nötige zu tun.

Von den vielen entlassenen Schutzhäftlingen, die ich traf, möchte ich nur auf einen Fall näher eingehen. Ein Großkaufmann von 45 Jahren, welcher ebenfalls einige Wochen in der Kolumbiahölle war, erzählte mir, daß er seine Entlassung nur durch Gelder und Grundstückschenkungen erreicht habe. Weiter berichtete er, daß er kurz nach seiner Entlassung bei dem Allianzkonzern eine Ermäßigung seiner Lebensversicherungsprämie beantragt habe, bei der hierzu nötigen ärztlichen Untersuchung hätte ihm der Arzt erklärt: „Ein Mensch, der so gesund aus der Kolumbiahölle kommt, hat seine Gesundheit unter Beweis gestellt." Seinem Antrage wurde stattgegeben. Der Versicherungsarzt berichtete diesem Menschen noch, die Versicherungskonzerne hätten bei Göring eine Eingabe gemacht, weil sie schon vorzeitig Millionenbeträge für totgeschlagene Schutshäftlinge ausbezahlt hätten.

Auf einem Wege zur Geheimen Staatspolizei konnte ich eines Tages einen bedeutenden Zusammenstoß zwischen der SS und der Reichswehr beobachten. Himmler und seine Leute forderten von der Reichswehr die Herausgabe der Akten über die Vorgänge des 30. Juni 1934, besonders an den Akten des am 30. Juni erschossenen Generals Schleicher war ihnen gelegen. Die Reichswehr fühlte sich damals noch in einem Rechtsstaat und sah deshalb keine Veranlassung, Herrn Himmlers Wünschen nachzukommen.

Himmler, unterstützt durch Göring, versuchte nun mit Gangstermethoden zum Erfolg zu kommen. Ein Kommando von mehreren hundert SS-Leuten hatte den Befehl bekommen, das Reichswehrministerium zu stürmen. Das Militär konnte sehr schnell diesen Angriff abschlagen. Die SS mußte unter Zurücklassung von einigen Toten und Verletzten kläglich abziehen.

Göring war darüber so erbost, daß er von Hitler den sofortigen Abschied der führenden Reichswehrgeneräle verlangte. Er hielt den Zeitpunkt für gekommen, sich auch noch an die Spitze der Wehrmacht zu stellen, aber auch hier mußte Göring eine Niederlage einstecken, er ahnte nicht, daß das deutsche Offizierkorps geschlossen hinter ihrem Oberbefehlshaber Freiherr von Fritsch stand.

Die Reichswehr war mit Recht der Ansicht, daß ein Mensch, welchem der Schwedische Staat noch nicht einmal die Erziehungsrechte für ein Kind zubilligen konnte, unmöglich oberster Befehlshaber der Deutschen Wehrmacht werden könne. Diese Begebenheit war der Beginn des offenen Kampfes zwischen der Partei und von Fritsch, welcher im Februar 1938 mit der Abdankung des Generals von Fritschs endete.

Dieser äußere Erfolg war aber nur ein Scheinerfolg, Fritsch nahm zwar seinen Abschied, doch sein Geist blieb und wird auch immer bleiben, das werden die Herren Parteiführer am Tage der Abrechnung zu fühlen bekommen, mögen sie ruhig weiter Generäle wie Beck, von Rundstädt verabschieden. Solche Maßnahmen zeigen der Welt nur, daß die Stunde der Befreiung Deutschlands näher rückt.

Glauben Sie etwa, Herr Hitler, daß das deutsche Offizierkorps auf die Dauer den ehemaligen Malergesellen und Gefreiten als ihren obersten Befehlshaber anerkennen wird? Niemals! Im entscheidenden Moment wird man sich der alten Tradition besinnen.

Das deutsche Volk hätte vor seiner Geschichte keine Lebensberechtigung mehr, wenn es nicht mit diesen Bazillenträgern abrechnen würde. Man kann, vielleicht mit Recht, dem deutschen Volke nachsagen, daß es nicht politisch denken könne. Nur unter diesen Umständen konnte überhaupt Hitler mit seinen Genossen die Macht ergreifen und eine Zeit lang das Volk berauschen und betören.

In den schwersten Stunden hat sich das deutsche Volk immer wieder gefunden und wird sich auch wieder finden, sobald die Wehrmacht zum Sturme blasen wird.

Im darauffolgenden Frühjahr suchte ich Erholung auf meinem Besitz in Cladow am Wannsee bei Berlin. Die aufopfernde Pflege meiner Gattin und die herrliche Natur gaben mir einigermaßen meine Kräfte wieder. Kurz nach meiner Ankunft in Cladow mußte ich feststellen, daß der Reichspropagandaminister Goebbels in meiner nächsten Nähe den Besitz des Regierungsrates Öding gepachtet hatte. Der Besitz war weit und breit seines schönen Parkes wegen bekannt. Ich ließ mir eines Tages durch den Gärtner den Park zeigen, dabei fragte ich ihn nach seinem Chef, Herrn Dr. Goebbels. Der Gärtner sagte mir entsetzt: „Ich tät mir ewig leid, wenn das mein Chef wäre. Mein Chef ist der Regierungsrat Öding; dieser Berliner Schusterjunge hat mir nichts zu sagen." Ich fragte ihn, wie er gerade auf diese Bezeichnung käme, worauf er mir weiter sagte: „Ziehen Sie ihm doch eine Zipfelmütze auf, seine ausgefransten Hosen wieder an und werfen Sie ihm ein Paar Stiefel über seine Schülterchen, dann haben Sie den Original-Berliner-Schusterjungen vor sich. Die haben doch keine Bildung. Wenn der mit Hitler durch den Garten läuft, können die noch nicht einmal grüßen, die sind doch auch nicht mehr, früher haben sie doch nur gefaulenzt und vom Betteln gelebt, kurz es ist ein Pack. Da war doch der vorherige Pächter, der Filmschauspieler Hans Albers ein anderer Kerl. Dem habe ich auch immer schöne Pflanzen ins Zimmer gestellt, aber bei denen tue ich das nicht, die haben ja doch kein Empfinden dafür. Die angestrichene und gefärbte Magda wollte mir sogar vorschreiben, wieviel Wasser ich den Pflanzen zu geben hätte; sie schickte mir den Quandt'schen Jungen, der seit einiger Zeit wieder bei ihr ist und ließ mir sagen, ich dürfe nicht soviel Wasser verbrauchen. Sie müssen wissen, die ist nämlich sehr geizig. Ich ließ ihr aber durch den Jungen bestellen, daß ich das besser wissen müsse, wieviel Wasser meine Pflanzen brauchten. Die Rechnung hierfür könne mein Chef Öding auch noch bezahlen." Ergänzend erzählte er mir noch, daß Goebbels nur 400 Mark Pacht bezahle, dafür müßte Öding noch die Steuern und den Gärtner bezahlen. Er wohne also umsonst. Hans Albers habe sogar 1000 Mark Pacht bezahlt. Er sprach weiter: „Der denkt wohl, weil er Minister ist, kann er alle Leute erpressen. Das ganze Personal denkt genau so wie ich, sie wagen nur nicht zu gehen, sonst könnte es ihnen auch so ergehen wie dem armen Lippok. Die Chauffeure müssen ständig im Einhundertkilometertempo fahren und haben dabei erst vor kurzem einen Menschen totgefahren." Mit einem verächtlichen Blick zur Villa gerichtet, verabschiedete er sich von uns.

Für mich war diese Begegnung insofern interessant, gab sie mir doch wieder den Beweis, mit welch schmutzigen Geschäftsmethoden dieser Goebbels arbeitet. Des öfteren konnte man die „große Dame" Magda Goebbels in Begleitung ihrer Freundin, der Filmschauspielerin Jenny Jugo, am Wasser promenieren sehen. Ihr Benehmen stand im krassen Gegensatz zu ihrem Rang, mit Geld läßt sich eben nicht alles erkaufen.

Da wir gerade bei der Familie Goebbels sind, lohnt es sich, diesen „sauberen Herrn" näher zu durchleuchten.

Goebbels ließ sich schon während der Kampfzeit von einem früheren Parteifreund Mosakowsky vierzehn Tage lang in der Presse als abgefeimten Lügner beschuldigen, ohne dagegen Klage zu erheben. Wußte doch dieser M. zu genau, mit welchen verlogenen und schmutzigen Methoden dieser Goebbels arbeitet. Goebbels, als Sohn eines armen Wiegemeisters in Rheydt im Rheinland aufgewachsen, durfte durch die Hilfe der katholischen Kirche studieren. Bald nach Beendigung seines Studiums witterte er in der NSDAP das große Geschäft. Hitler erkannte in ihm sofort den richtigen Demagogen, der für seine Firma am besten die Massen Berlins gewinnen könne. Man konnte fast jeden Freitag diesen Dr. Goebbels in den größten Berliner Sälen Schaum schlagen hören. Er schrie fast jedesmal in die Massen hinein: „Wir wollen nicht in den Fehler der Sozialdemokratie verfallen und eine Parteiwirtschaft treiben. Wir bedienen uns nur der Partei als Mittel zum Zweck, um Deutschland zu erobern. Mit der Machtübernahme löst sich die Partei von selbst auf." Weiter schrie er: „Kameraden, ich weiß was Hunger und Elend heißt, ich weiß, wie es euch zumute sein muß, wenn ihr eure Miete nicht bezahlen könnt." Dabei machte er mit seinen ausgefransten Hosen und mit seinem geflickten Lüsterjäckchen einen bedauernswerten Eindruck. Die Zuhörer spendeten. Das Ziel war damit erreicht. Nach Beendigung seiner Versammlung konnte ich diesen Dr. Goebbels in einem eleganten Maßanzug mit Watteschultern soupieren sehen.

Goebbels, dem es gelang mit seinen unverantwortlichen Lügenmethoden die Massen Berlins zu erobern, hatte bald ein schönes Einkommen. Er suchte sich eine Frau. Er fand sie auch.

Magda Goebbels, die Stieftochter des jüdischen Drogisten Friedländer, wohnhaft im Norden Berlins, war eine Zeitlang mit dem Großindustriellen Günther Quandt verheiratet. Quandt ließ sich nach einigen Jahren von ihr wegen ihres losen Lebenswandels scheiden. Der Sohn aus dieser Ehe wurde natürlich dem Vater zugesprochen. Quandt war jedoch so anständig, seiner ehemaligen Frau nicht den Makel einer schuldig geschiedenen Frau aufzudrücken und ging in Güte mit ihr auseinander.

Es ist mir zu gering auf all die mir bekannten schmutzigen Liebesaffairen der kleinen Frau Magda einzugehen.

Gleich nach der Machtübernahme wollte der neugebackene Reichspropagandaminister seiner Frau den Anstrich einer guten deutschen Mutter geben, deshalb mußte, koste es was es wolle, der blonde Junge von Quandt her.

Aber wie?

Für einen Goebbels ist nichts unmöglich! Quandt wurde der verschiedensten kriminellen Vergehen beschuldigt, wie Unterschlagungen, Bücherfälschungen usw. usw. Er wurde verhaftet. Gegen eine Kaution von mehreren hunderttausend Mark wurde Quandt wieder freigelassen. Nach einiger Zeit kam er abermals in Haft, diesmal wurde seine Kaution noch erhöht. Quandt konnte auch diese Summe aufbringen, war er doch durch die Autobranche schnell ein reicher Mann geworden. Ein Prozeß fand natürlich nie statt, weil die Beschuldigungen völlig haltlos waren. Ich kenne Quandt persönlich.

Mit dieser Machenschaft wollte man ja nur den Sohn haben.

Solch ein anormal kleiner und verkrüppelter, moralisch minderwertiger Mensch, wagt über die Vorzüge der nordischen Rasse zu sprechen.

In Berlin hielt eines Tages der neue Präsident des Fremdenverkehrsamtes, der verabschiedete Bayrische Staatsminister Esser seinen Einzug. Esser wurde als alter Kämpfer ebenfalls gleich nach der Machtübernahme mit einem Ministerposten in Bayern bedacht. Er war der Ansicht, daß zu seinem Ministerposten auch gleichzeitig die Leibeigenschaft aller schönen Frauen gehöre. Der Pächter des Münchner Hofbräuhauses belehrte ihn eines anderen. Als er den Staatsminister Esser eines Tages bei der Umwerbung seiner Tochter ertappte, nahm er den sauberen Burschen am Kragen, gab ihm ein paar kräftige Ohrfeigen und schrie, indem er ihn die Treppen hinunter warf: „Machen Sie, daß Sie zu Ihrer Frau kommen." Die anwesenden Gäste sorgten dafür, daß die Münchener Bevölkerung eingehend hiervon Kenntnis erhielt. Für Esser war ein Bleiben unmöglich. Hitler nahm seinen Kampfgenossen nach Berlin und ernannte ihn zum Präsidenten des Fremdenverkehrsamtes.

Ich war auch selbst auf meinem Besitz in Cladow nicht mehr sicher, ständig wurde ich beobachtet, auch kamen mich immer wieder entlassene Schutzhäftlinge besuchen, die mich an die furchtbare Zeit erinnerten. All dem wollte ich entrinnen und übersiedelte am 2. Februar 1936 nach München.

Geheime Staatspolizei
Geheimes Staatspolizeiamt
B.-Nr. 731/36 — I F —
Bitte in der Antwort vorstehendes Geschäfts-
zeichen und Datum anzugeben.

Berlin SW 11, den 8. Januar 1937.
Prinz-Albrecht-Strasse 8
Fernsprecher: A 2 Flora 0040

An
Herrn Felix von Papen,
München,

Betrifft: Antrag auf Zahlung einer Entschädiging wegen angeblich zu Unrecht erlittener Schutzhaft.
Bezug: Schreiben vom 19.8.1936.

Auf Ihre an der Führer gerichtete und von diesem an mich zuständigkeitshalber zur weiteren Bearbeitung abgegebene Eingabe auf Gewährung einer Entschädigung für in den Jahren 1933/34 angeblich zu Unrecht erlittene Schutzhaft teile ich mit, dass ich die Gründe, die zu Ihrer Schutzhaft seinerzeit geführt haben, einer eingehenden Nachprüfung unterzogen habe. Der Sachverhalt gibt mir keine Veranlassung, eine Schadensersatzleistung zu befürworten. Die Massnahmen sind seinerzeit zu Recht verfügt und ordnungsmässig durchgeführt worden. Aus staatspolitischen Gründen und grundsätzlichen Erwägungen sehe ich mich zu meinem Bedauern nicht in der Lage, Ihnen die Gründe, die zu der Schutzhaft führten, bekannt zu geben. Ich lehne eine Schadensersatzleistung auch schon deshalb ab, weil Sie wiederholt erklärt haben, keine Ansprüche stellen zu wollen. Ihren Schadensersatzantrag muss ich als unbegründet zurückweisen. Ich vermag auch nicht die Gewährung einer Ausgleichsentschädigung etwa aus Billigkeitsgründen zu befürworten.

Die

In München angekommen, empfand ich zu meinem Bedauern, daß die alte Kunststadt einen anderen Anstrich bekommen hatte. Sie war ja auch die Hauptstadt der Bewegung geworden.

Die Firma Adolf Hitler hat von hier aus ihre Agenten in alle Gaue Deutschlands hinausgeschickt. Die Stadt selbst hat sich schon durch die stillosen Parteibauten verändert, unwillkürlich mußte man den Eindruck erhalten, daß die heutigen Regenten einen Stil durch Wucht ersetzen wollten.

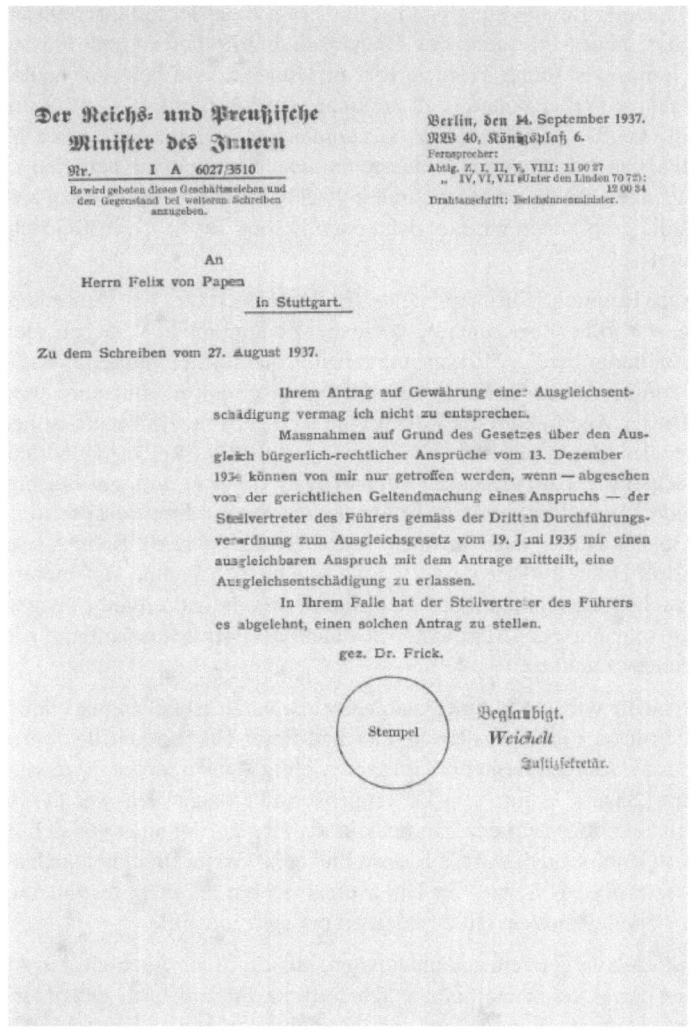

Wie sehr die Kunst in Deutschland nach dem Parteibuch gewertet wird, wurde mir vollständig klar, als ich die Ausstellung um den Lenbachpreis besuchte. Als Sieger ging ein drittklassiger Maler hervor, welcher sich zur Aufgabe gemacht hatte, die Parteiführer in verschönerter Form wiederzugeben. Vor diesen Bildern stand ein Arbeiter und sagte: „So etwas nennt man heute Kunst, war es doch früher anders in unserem schönen München." Man muß hierzu wissen, daß in der alten Kunststadt München auch das Volk etwas von der Malerei versteht.

Die Münchner Bevölkerung ist über das Prassen der Parteiführer entsetzt. Christian Weber, heute Präsident des Deutschen Pferdesportes und Präsident vom Braunen Band, war früher Pferdeknecht in München und bewohnt heute das alte Residenzpalais. Weber konnte sich erlauben, ein Reitpferd, das er für dreißigtausend Mark kaufte, in kurzer Zeit zusammenzureiten, infolge seiner abnormen Körperfülle von nahezu drei Zentnern. In seiner Begleitung befinden sich stets mehrere leichte Frauen. Seine Vorstrafen wegen Zuhälterei und Betrug zeigen, daß er für würdig empfunden wird, in den ersten Reihen des heutigen Deutschlands zu marschieren.

Professor Heinrich Hoffmann, heute Bildberichterstatter der Deutschen Reichsregierung, war früher ein kleiner bescheidener Photograph in München. Heute, nach fünf Jahren, hat er bereits Millionen und den Professortitel verdient, weil er Hitler, als es mit seiner Firma um Sein oder Nichtsein ging, mit fünfzehntausend Mark aushalf. Dieser Wechsel auf die Zukunft hat sich gelohnt. Hoffmann ist heute nicht nur ein reicher Mann, sondern auch Schwiegervater des Reichsjugendführers Baldur von Schierach. Hoffmann darf tun und treiben was er will, ein Beispiel hierfür ist folgende kleine Begebenheit. Einige kleine Parteiführer beschweren sich im Jahre 1936 bei Hitler, daß Hoffmann stets bei Juden seine Bedürfnisse decken würde. Adolf Hitler erklärte darauf: „Laßt mir meinen Freund Hoffmann in Ruhe, er kann machen, was ihm gefällt." Natürlich waren die Parteiführer über solch eine Äusserung sehr entsetzt. Man kann dies auch als Kameradschaft bis zur Grundsatzlosigkeit bezeichnen.

Ich versuchte wiederholt eine Audienz bei Hitler zu erreichen, dies ließ aber sein Cerberus Brückner nicht zu. Ich konnte bei dieser Gelegenheit den persönlichen Adjutant und ständigen Begleiter Hitlers so richtig kennen lernen. Man könnte auch hier sagen: „Sage mir mit wem Du umgehst und ich sage Dir wer Du bist." Unwillkürlich bekommt man den Eindruck einen jungen Elefanten vor sich zu haben, nur mit dem Unterschied, daß ein Elefant klüger ist. Wenn Brückner auch auf Grund seiner Körperfülle als Schutz für Hitler dient, so bin ich doch fest überzeugt, daß Brückner seinen Genossen Hitler jederzeit preisgeben würde.

Nach all den vergeblichen Bemühungen, entschloß ich mich am 19. Aug. 1936 einen Brief an Hitler zu schreiben. Ich forderte ihn auf, sich entweder mit den sadistischen Ausschreitungen und der Freiheitsberaubung identisch zu erklären, oder aber mir durch eine Entschädigung und Entschuldigung mein Recht wieder zu geben. Ein Schweigen wäre ebenfalls ein stilles Einverständnis. Erst am 11. Januar 1937 erhielt ich als Antwort vorstehendes Schreiben.

Durch dieses Schreiben läßt mir also der Führer und Reichskanzler Adolf Hitler sein völliges Einverständnis mit all diesen Ausschreitungen dokumentieren. Wenn man in diesem Brief schreibt, man könne mir keine Entschädigung auszahlen, weil ich wiederholt erklärt hätte, ich würde auf eine Entschädigung verzichten, so muß ich dem Leser sagen, daß ich zu dieser Erklärung mit der Faust gezwungen wurde. In jedem geordneten Staat bezeichnet man eine solche Handlungsweise Erpressung und wird mit Gefängnis bestraft. Die Widersprüche in diesem Schreiben verraten deutlich die Schwäche dieser Leute. Also ein Verdacht genügt heute in Deutschland einen Menschen einzusperren und halb totzuschlagen.

Durch dieses Dokument nehme ich dieser Regierung endgültig die Möglichkeit sich hinter der Ausrede: „Jüdische Greuelmärchen oder Ausschreitungen einzelner Unterorgane" zu verstecken. Sämtliche Freiheitsberaubungen und Mißhandlungen, die der deutsche Tschekaführer Heinrich Himmler anordnet, werden von diesem Hitler gebilligt. Ich weiß, daß die wenigsten Schutzhäftlinge nach ihren Erfahrungen nicht mehr den Mut haben, ihr Recht zu fordern, deshalb habe ich es als meine Pflicht angesehen, dem „Volksführer" die traurigen Zustände in den Konzentrationslagern genauestens zu schildern.

Ich wußte zwar, daß ein Adolf Hitler nicht nur genauestens unterrichtet ist, sondern sogar die Ausschreitungen bejaht. Ich wußte aber auch, wie prinzipienlos solche Elemente sind, deshalb gab ich mich noch nicht geschlagen. Mein nächster Gedanke war, mir über den Weg des Reichsinnenministers Dr. Frick Klarheit zu verschaffen. Hat doch Dr. Frick diesen Hitler dadurch in Händen, indem er ihn, in seiner Eigenschaft als einstmaliger Innenminister von Thüringen, zum deutschen Bürger machte. Durch diese Einbürgerung konnte erst der aus dem Männerasyl Wiens kommende arbeitsscheue Malergehilfe, deutscher Reichskanzler werden. Man muß das Vorleben von Hitlers Vater kennen, um diesen Abenteurer besser zu verstehen. Hitlers Vater ist das außereheliche Kind der 42-jährigen Bauernmagd Anna Schickelgruber (geboren 1795), welche fünf Jahre später den Müllergesellen Johann Hiedler (heute Hitler) heiratete. Der Großvater Hitlers ist nicht festzustellen. Hitlers Vater wechselte seine Berufe ebenso oft wie seine Frauen. Er war Schuhmacher, dann Soldat, später subalterner Zollbeamter, zuletzt Landwirt. Es sind bisher sieben Kinder des Zollbeamten Alois Schickelgruber-Hitler bekannt geworden. Adolf Hitler ist eins der fünf Kinder aus der dritten Ehe.

Man kann wirklich kein Verständnis dafür auf bringen, daß ein Mensch von solcher Rassenlosigkeit das deutsche Volk mit einer neuen Rassenlehre beglücken will. Auffallenderweise kommt der Name Hitler nur in Galizien vor, so ist es doch mindestens naheliegend, daß der nicht feststellbare Großvater Hitlers dieser von ihm so verpönten Rasse angehörte. Bekanntlicherweise sind Mischlinge die größten Antisemiten.

Der Zufall wollte es, daß der Reichsinnenminister Dr. Frick den Sommer 1937 ebenfalls am Starnbergersee verbrachte. Ich konnte mir keine günstigere Gelegenheit wünschen, um einen neuen Vorstoß durchzuführen. Am 18. Juni 1937 kursierte in allen deutschen Zeitungen unter großer Aufmachung ein Artikel „Kulturbild aus Prag". Ich möchte nur einen kleineren Abschnitt aus diesem Artikel wörtlich wiedergeben.

> „Nur mit Grauen und tiefem Entsetzen kann man diesen Bericht über die unmenschlichen Quälereien lesen, die der Reichsdeutsche Bruno Weigel durch tschechische Folterknechte hat erdulden müssen. Die sadistischen Grausamkeiten, welche die tschechische Polizei

einem Angehörigen des deutschen Reiches gegenüber sich hat zuschulden kommen lassen, sind so ungeheuerlich, daß man vermeint, eine Schilderung aus einem noch in tiefster Barbarei lebenden Staat vor sich zu haben. Der tschechische Staat erhebt Anspruch zu den europäischen Kulturländern zu zählen. Wenn es Polizeiorgane dieses Staates schon wagen können, einen Ausländer und Angehörigen der benachbarten Großmacht, der keine andere Schuld hatte, als Reichsdeutscher zu sein, in derart brutaler Art zu mißhandeln und zu foltern, um wieviel schlimmer mag das Los tschechischer Staatsangehörigen deutschen Blutes sein, die in die Hände dieser tierischen Peiniger fallen."

Dem Leser wird es nun verständlich sein, daß ich nach den furchtbaren Erfahrungen über diese Unverfrorenheit empört sein mußte. Ich schrieb noch zur gleichen Stunde einen ausführlichen Bericht an Dr. Frick. Ich schrieb ihm unter anderm, daß es mich äußerst befremden müsse, solch einen Artikel in deutschen Zeitungen zu lesen, zumal ich noch viel schlimmeres als Deutscher durch Deutsche im Zeichen der Volksgemeinschaft erlebt hätte. Der Reichskanzler Hitler habe mir sogar die Ordnungsmäßigkeit dieser Mißhandlungen dokumentieren lassen. Weiter berichtete ich ihm, ich zöge es vor, mit meiner Familie lieber in einem Negerdorf zu leben, als unter solchen Umständen in Deutschland. Sollte er mir nicht zu meinem Recht verhelfen können, möge er mir wenigstens einen Paß geben. An eine Gerechtigkeit in Deutschland könne ich nach meinen Erfahrungen nicht mehr glauben; dennoch würde ich in seiner Person etwas Hoffnung sehen. (Kommt Frick doch aus dem alten Beamtentum.)

Ich wußte, daß ich mich durch dieses Schreiben erneut in Gefahr begab, ich konnte nicht anders, galt es doch für mich, um meine Ehre und für mein Recht zu kämpfen.

Nach drei Tagen sandte mir Dr. Frick seinen persönlichen Adjutanten Hössel, durch den er mir sagen ließ, er würde sich meiner Sache annehmen, doch benötige er noch mehrere Angaben. Nach einer einstündigen Stenogrammaufnahme verabschiedete sich Herr Hössel mit dem Versprechen, mir recht bald weiteren Bescheid zukommen zu lassen. Einige Tage später erschien bei mir ein Herr Kielhuber, welcher sich als Stellvertreter des Herrn Hössel vorstellte, um mir im Auftrage des Herrn Reichsinnenministers Dr. Frick zu berichten, daß ich wohl in aller Kürze mit der gewünschten Rehabilitierung und Entschädigung rechnen könne.

Am Tag der Deutschen Kunst im Juni 1937 hatte ich nochmals Gelegenheit, die Regenten des heutigen Deutschlands an mir vorüberziehen zu lassen.

Ich mußte mich wiederholt fragen: „Wie ist es nur möglich, daß sich das deutsche Volk von solchen primitiven Köpfen dirigieren und tyrannisieren lassen kann?" Ich versuchte mir zu erklären, worin die Stärke dieser Elemente lag. Ein Umsichschauen zeigte alles, die ganze Stadt wurde in ein Fahnenmeer getaucht, die festlich geschmückten Parteiwagen fuhren mit großem Getrommel und Geschrei zum Haus der Deutschen Kunst, einem Riesenkasten mit Säulen, aufgestellt wie die deutschen Soldaten. Die brutale Gewalt besiegte den Geist. Nacheinander stolperten die Parteigrößen aus ihren Wagen und versuchten sich den Ausdruck eines

Kunstkenners aufzulegen. Das Niveau dieser Kulturträger spiegelte sich am klarsten in der erheblichen Zunahme ihrer Körperfülle wieder. Man mußte schon staunen, was hierin innerhalb vier Jahren geleistet wurde.

Göring, der König der Fetten, ließ den Gegensatz besonders stark hervortreten. Sorgenlos und mit einer kindlichen Unbekümmertheit lächelte er gleich einer Filmdiva dem Volke zu. Man darf sich aber nicht täuschen lassen, hier bewahrheitet sich nicht der Ausspruch von Cäsar: „Laß er dicke Männer um mich sein." Hinter dieser Maske steckt ein teuflischer Sadist, der in seinem Morphiumwahn zu jedem Verbrechen bereit ist, wenn es gilt, seine Machtgier zu befriedigen. Ein Zeugnis hiervon legte er durch die Schaffung der Konzentrationslager, außerdem durch die Reichstagsbrandstiftung ab. Göring kennt nur einen Begriff: Macht! Er liefert jederzeit seine besten Freunde ans Messer. Der berüchtigte 30. Juni 1934 gab uns die Bestätigung hierüber. Göring schlug sich erst dann auf die Seite Hitlers, als er merkte, daß die Chancen für Hitler und seine Genossen besser standen. Der ehemalige Fliegerhauptmann benützte den Tag des Mordens dazu, Leute, die ihm lästig waren, oder andere, vor denen er früher stramm stehen mußte, erschießen oder ins Konzentrationslager bringen zu lassen. Der persönliche Adjutant des Deutschen Kronprinzen, Major von Müldner, mußte in das Kolumbiahaus wandern. Vielleicht hatte er während des Krieges manchen Anschnauzer von Major von Müldner in Empfang nehmen müssen. Ich konnte persönlich feststellen, daß dieser kindliche Racheakt nicht spurlos an von Müldner vorübergegangen ist. Auf den Deutschen Kronprinzen dagegen machte dieser Racheakt überhaupt keinen Eindruck. Göring hatte eines Tages den Wunsch, den Deutschen Kronprinzen zu sprechen. Der Kronprinz ließ den ehemaligen Fliegerhauptmann den genauen Termin wissen, wann er auf seinem Schloß zu erscheinen habe. Göring erschien mit militärischer Pünktlichkeit.

Der grenzenlos Machtgierige und Ruhmsüchtige möchte gerne alleiniger Herrscher von Deutschland sein. Er war der Ansicht, daß die Stunde nicht mehr fern ist, deshalb wollte er sich beizeiten an das königliche Milieu gewöhnen. Er unternahm gemeinsam mit einem Bayrischen Parteiführer den Raub eines Teppichs und eines Schreibtisches aus dem Hause Wittelsbach. Sein Kumpan erhielt den Schreibtisch, Göring den Teppich. Hier wurde aber die Rechnung ohne den Wirt gemacht. Der Bayrische Kronprinz Ruprecht ruhte nicht eher, bis er den Dieb heraus hatte. Göring und Genosse mußten trotz ihrer Macht diese billig erstandenen Gegenstände wieder herausgeben.

Ein anderer Wagen brachte den Reichsjustizkommissar und Minister für das Deutsche Recht: Dr. Frank. Frank zeigt durch seine Taten am besten, wie das neue Deutsche Recht, deren Gründer er ist, aussehen muß. Die erste Tat als Minister des Deutschen Rechts bestand darin, seinem Vater, der als Rechtsanwalt in München wegen Unterschlagungen von Klientengeldern seine Praxis aufgeben mußte, wieder die Möglichkeit zu geben, seinen asozialen Veranlagungen nachzugeben. Franks Vater durfte sein Amt wieder ausüben, die nächste Unterschlagung ließ nicht lange auf sich warten. Minister Dr. Frank erklärte schon im Jahre 1925 vor mehreren Münchener Anwälten, er überlege es sich schon lange, bei welcher Partei es am zweckmäßigsten sei, sich einzuschreiben. Er ahnte, wie so viele, daß in der NSDAP das größte Geschäft liege. Er behielt recht.

Ein weiterer Wagen brachte den Präsidenten der Deutschen Arbeitsfront, Dr. Ley. Jeder anständige Jude würde sich schämen, solch einen niederen Typus verkörpern zu müssen. Seine Geschäftsmethoden und sein Lebenswandel zeigen seine innere Verkommenheit. Ley versteht es einzigartig durch sein „Kraft durch Freude" System, Gelder aus der breiten schaffenden Volksmasse zu erpressen. Das Unternehmen ist so rentabel, daß bald jeder kleine Unterführer der Organisation sich einen Wagen leisten kann. Ley, der in den seltensten Fällen in einem nüchternen Zustande anzutreffen ist, wollte seinen Genossen in keiner Weise nachstehen und dachte: „Sicher ist sicher", man kann nie wissen, wie lange diese Herrlichkeit dauern wird. Er führte mit seinem Kampfgenossen, dem Reichsjugendführer Baldur von Schierach im Jahre 1934 eine Millionenunterschlagung durch. Den Kumpanen dieser beiden Volksbeglücker war dieser Griff doch etwas zu tief, sie wurden neidisch. Schierach konnte sich nur durch die Flucht in das Haus Hitlers auf dem Obersalzberg vor der Wut seiner Genossen retten. Hitler aber weiß, was er seinem Freund schuldig ist. Er brachte schnell alles wieder ins Reine und ordnete an, daß der Reichsjugendführer von jetzt ab nur noch ihm persönlich unterstellt sei.

Nur solche Leute können sich anmaßen eine neue Deutsche Kunst befehlen zu wollen.

Der Tag der Deutschen Kunst war in Wirklichkeit nur in Szene gesetzt worden, um Feste zu feiern und somit das Volk berauschen und betäuben zu können.

Wie gut Hitler weiß, daß er die Bevölkerung Münchens mit seinen Methoden nicht betören kann, ersieht man am besten daran, daß er dem Bayrischen Kronprinzen Ruprecht, welcher sich bei der Münchner Bevölkerung großer Beliebtheit erfreute, die häufigen Spaziergänge in der Stadt untersagte.

Man hat dem deutschen Volk zwar jede Kritik untersagt und als abschreckendes Beispiel die Konzentrationslager geschaffen, in denen heute ungefähr hunderttausend Menschen schmachten müssen, dennoch versucht das Volk durch Witze über ihre Regenten ihrem Herzen Luft zu machen. Vor allem zeigen die Witze, wie wenig das deutsche Volk den verlogenen Methoden Glauben schenkt. Aus der Fülle der Witze möchte ich nur einige herausgreifen: „Dem deutschen Volke würde es bald besser gehen, Hitler und seine Gesellen hätten Deutschland bereits abgelaugt, nun könne er mit dem neuen Anstrich beginnen." Weiter: „Göring müsse zum Wochenende, nur mit einer Badehose bekleidet, an den deutschen Grenzen spazieren gehen, um dem Auslande zu zeigen, daß Deutschland noch Fett habe." Außerdem: „Göring habe einen schlechten Traum gehabt, er habe geträumt, daß man ihm das Wahlergebnis von 1940 gestohlen hätte." Ferner kursieren schon zahlreiche Witze über die geplante Flucht der heutigen Regenten nach Ablauf ihrer „tausendjährigen" Regierungszeit. Vor allem aber die Witze über das krankhafte Prunkleben

Görings finden kein Ende. Auch ahnt das Volk längst, daß ein Hermann Göring kaum der Vater seiner Tochter sein kann, deshalb wird diese neueste „Errungenschaft" Görings als „die sagenhafte Edda" bezeichnet. Man muß zu dieser dubiosen Kinderaffaire wissen, daß zwischen den beiden ersten Damen des Reiches, Frau Magda Goebbels und Frau Emmy Göring ein brennender Haß besteht. So ist es verständlich, daß Frau Emmy Göring ihrer Rivalin in keiner Weise nachstehen wollte.

Mein Herzleiden, welches ich mir durch die lange Inhaftierung zugezogen hatte, machte sich wieder sehr quälend bemerkbar. Von Seiten der Ärzte wurde mir dringend geraten, in Bad Cannstadt bei Stuttgart Bäder zu nehmen. Dies ließ ich Herrn Dr. Frick wissen und bat ihn um schnelle Erledigung meiner Angelegenheit, worauf er mir sagen ließ, ich könne unbesorgt abfahren, es würde mir alles schnellstens nachgesandt.

Dr. Frick zeigte mir sein persönliches Wohlwollen, indem er von mir ein Gemälde aus meinem Privatbesitz kaufte.

In Starnberg machte sich die Bevölkerung über den stellvertretenden Parteiführer vom Gau Bayern, Otto Nippolt, lustig. Nippolt versuchte sich vor der Machtübernahme seinen Lebensunterhalt durch Gelegenheitsarbeiten wie Wasserpumpen, Versammlungen sprengen u.s.w. zu verdienen. Er lebte jahrelang mit einer Frau, welche ihm zwei Kinder schenkte, in wilder Ehe. Nachdem er nun zu Rang und Würden gekommen war, war ihm seine Freundin mit seinen Kindern nicht mehr gut genug. Er heiratete nicht die Frau, die ihm in den schwersten Tagen der Not treu zur Seite stand, sondern eine Frau aus der besseren Schicht. Obwohl er sehr verschuldet und von seinen Gläubigern zum Offenbarungseid gezwungen worden war, konnte er sich gleich nach der Machtübernahme eine Villa am Starnbergersee und den dazu gehörigen Mercedes-Benz-Wagen mit Chauffeur leisten. Nun drohte ihm aber von Seiten seiner ehemaligen Geliebten ein öffentlicher Skandal. Die Frau wollte ihre Kinder nicht ohne Vater aufwachsen lassen, die angetraute Frau dagegen wollte die Kinder nicht anerkennen. Er mußte sich nun entschließen, mit seiner neu vermählten Frau, sowie mit seiner ehemaligen Geliebten und seinen Kindern zusammen zu hausen.

So fuhr ich also Ende Juni mit meiner Familie nach Stuttgart.

Die Ungewißheit und das Warten ließen mich nicht zur Ruhe kommen, im Gegenteil, mein Herzleiden wurde täglich schlimmer.

Auch in Württemberg machte sich die Bevölkerung mit vollem Recht über den großen Aufwand der Parteiführer lustig. Es ist verständlich, daß der frühere Werkstattschreiber und heutige Reichsstatthalter und Gauleiter von Württemberg am Tor seiner pompösen Villa ein Plakat mit folgendem Text vorfand: „Murr, hast Du Dir das alles mit tausend Mark Monatsgehalt erspart?" Murr ließ am darauf folgenden Tage an derselben Stelle ebenfalls ein Plakat aufhängen, worin er den Überbringer dieser Zeilen aufforderte, er möge sich persönlich bei ihm melden. Dieser schrieb ihm zurück: „Kann nicht kommen, habe Parteidienst." Man muß hierzu wissen, daß die Parteiführer in der Kampfzeit mit der Parole: „Kein Minister darf mehr als tausend Mark monatlich verdienen", ihre Wähler fingen.

Als ich bis zum 16. August noch keine Antwort hatte, schrieb ich nochmals an Dr. Frick. Am 16 Sept, erhielt ich als Antwort nebenstehendes Schreiben. Aus diesem Schreiben ist klar ersichtlich, wie wenig Macht heute ein Minister in Deutschland hat. Über allem steht die Partei.

Es steht für mich außer Zweifel, daß es nicht am dem guten Willen des Herrn Reichsminister Dr. Frick lag.

Zum Abschluß schrieb ich an Dr. Frick folgenden Brief, eine Antwort erwartete ich darauf natürlich nicht.

Stuttgart, den 20. 9. 37.

Sehr geehrter Herr Reichsminister!

Ich bin im Besitze Ihres abschlägigen Schreibens vom 14. d. M., worin wieder jede Begründung fehlt.

Auf solch einen Bescheid war ich nun doch nicht gefaßt, obwohl mir von behördlicher Seite schriftlich erklärt wurde, daß man all diese tollen Zustände, die ich ertragen mußte, als „ordnungsgemäß" bezeichnet. Ich lege Ihnen eine Abschrift eines Attestes meines Arztes bei. Die Kur, die derselbe mir empfiehlt, kann ich mir jetzt nicht mehr leisten. Andererseits mußte ich aber aus der Presse entnehmen, daß man Ausländer (Spanier) nach Deutschland kommen läßt, um dieselben auf Kosten des Staates auszuheilen. Einem deutschen Familienvater ist dies nicht möglich, obwohl der Staat hierzu wirklich die Verpflichtung empfinden müßte.

Weitere Worte zu dieser erschütternden Tatsache sind mir auf Grund meiner katastrophalen Erfahrungen nicht möglich.

Abschließend möchte ich jedoch noch feststellen, daß sich meine Ansicht, die ich in meinem Brief vom 18. Juni schon zum Ausdruck brachte, indem ich sagte, daß ich an eine Gerechtigkeit in Deutschland nicht mehr glauben könne, in vollem Umfange bestätigt hat. Dies sind meine letzten Worte in dieser traurigen Angelegenheit.

Mit dem Ausdruck vorzüglicher Hochachtung

Jetzt stand es für mich fest: „Hinaus aus diesem Land, schnell fort, sei es mit oder ohne Paß. Ich versuchte aber dennoch auf gut Glück einen Paß zu bekommen.

Zu meiner größten Überraschung erhielt ich kurze Zeit darauf, unter besonderer Höflichkeit, einen Paß ausgehändigt, einen Paß, mit der in Deutschland kaum mehr möglichen Gültigkeit von 5 Jahren.

Meine Freude war unbeschreiblich! Nun stand mir die Welt offen. Im Januar 1938 verließ ich endgültig mit meiner Familie dieses Deutschland.

Vor Veröffentlichung dieser Broschüre ließ ich mir aus Deutschland ein Leumundszeugnis kommen, weil ich weiß, daß ein Goebbels in seiner Ohnmacht sich der schmutzigsten Methoden bedienen könnte. Auch eine Ausbürgerung ist für

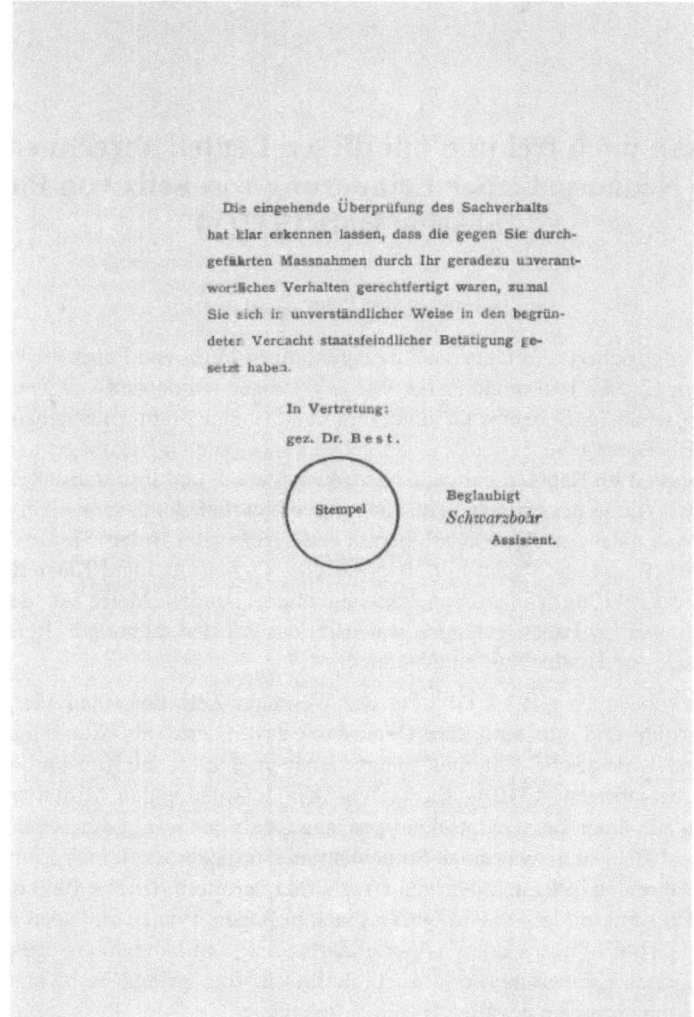

mich bedeutungslos, da bis zum Ablauf meines Passes die nationalsozialistische Revolution längst der Vergangenheit angehören wird.

„Ich sah mich frei und mit diesen Leuten abrechnen ..."[1]
Zur Neuausgabe der Erinnerung von Felix von Papen an seine Haft 1933/34

Nachwort von Peter Steinbach

Dem in gesicherte Verhältnisse hineingeborenen Felix von Papen ist bei seiner Geburt am 12. Mai 1910 nicht an der Wiege gesungen worden, dass er wenige Tage vor Kriegsende in Buchenwald unter bis heute ungeklärten Umständen sterben musste. Bis heute gehört er zu den weitgehend unbekannten Regimegegnern. Seine Unbekanntheit im Rahmen der deutschen Widerstands- und Emigrationsgeschichte kann eine Folge seines Namens sein, der zeitgeschichtlich durch seinen Verwandten, den Reichskanzler des Weimarer Republik und Vizekanzler Hitlers Franz von Papen belastet ist. Franz von Papen gilt als politischer Opportunist und Karrierist in der Nachfolge von Heinrich Brüning, der angeblich „hundert Meter vor dem Ziel" scheiterte, weil es Papen gelungen war, Einfluss auf den damaligen Reichspräsidenten Paul von Hindenburg zu gewinnen.

Franz von Papen gilt als Politiker der Weimarer Zeit, der einen Verfassungswandel wollte und eine autoritäre Demokratie favorisierte, als „Steigbügelhalter" Hitlers und damit des NS-Regimes. Er hatte einen großen Teil zur Konsolidierung des Systems beigetragen. 1946 wurde er von dem Internationalen Militärtribunal in Nürnberg als einer der Hauptschuldigen angeklagt, aber freigesprochen, jedoch 1947, ein Jahr später, von einer Spruchkammer im Rahmen seines Entnazifizierungsverfahren zu einer achtjährigen Lagerstrafe verurteilt, bereits 1949 entlassen. Er verstarb Anfang Mai 1969 in Obersasbach in Baden. Franz von Papen überlebte das Ende des NS-Staates um ein Vierteljahrhundert und hatte so Gelegenheit, ein umfangreiches Erinnerungswerk[2] zu hinterlassen. Ihm gelang es nicht, das von Historikern begründete negative Urteil zu korrigieren.

Felix von Papen, dem Neffen zweiten Grades von Franz, blieb es hingegen nur vergönnt, ein kleines Büchlein, zudem eine Art Privatdruck, zu hinterlassen, das in den Niederlanden unter dem Titel „Ein von Papen spricht" 1938 erschienen war. Bald zeigte sich, dass es nur gegen widrige Umstände, die auf die wegen möglicher

---

[1] So lautet die Selbstverpflichtung, die Papens Motivation 1933/34 beschreibt und die er im Exil erfüllt. Vgl. Felix von Papen, Ein von Papen spricht, Berlin 2024 [künftig zit. als Papen], S. 13.

[2] Franz von Papen, Der Wahrheit eine Gasse, München 1952; ders., Vom Scheitern einer Demokratie 1930–1933, Mainz 1968.

Verstimmungen mit der deutschen Reichsregierung besorgte niederländische Regierung zurückgingen, im Exil publiziert werden konnte. Die niederländische Regierung legte Wert auf ihren Status als neutrale Nation und befürchtete nicht ohne Grund diplomatische Reaktionen der deutschen Regierung; ein großer Teil der Auflage wurde beschlagnahmt, am 29.7.1942 dann durch die deutschen Besatzungsbehörden generell verboten.[3] Dieses Verbot galt auch im Reichsgebiet.

Bei dem Bericht handelt es sich um ein bemerkenswertes, wenngleich nicht unproblematisches zeitgeschichtliches Zeugnis. In jedem Erlebnisbericht verschieben sich zuweilen die Zeitschichten.[4] Felix von Papen vermengt augenscheinlich auch Gehörtes[5] mit Erlebtem. An einigen Stellen erweist er sich als Kind seiner Zeit, vor allem, wenn er Vorbehalte andeutet, die auf den politischen Antisemitismus verweisen.[6] Aber er macht uns die Erfahrungen eines Menschen mit Unrecht und Gewalt in den 1933/34 sichtbar. So öffnet er einen Blick auf die Wahrnehmungsgeschichte eines Menschen, der sich als konservativer Gegner des Nationalsozialismus empfand und versuchte, sich in der Auseinandersetzung mit dem NS-Regime zu orientieren, seinen Standpunkt zu finden und diesen aus seinen eigenen Erfahrungen heraus zu begründen, obwohl er zugleich durch seine Zeit geprägt war. Hitlers Kanzlerschaft hatte er sich in den letzten Jahren der Weimarer Republik, die schließlich in einem „Wahlkampfinferno" (Karl Dietrich Bracher) endeten, nicht so entschieden widersetzt, wie sein tragisches, vermutliches gezielt herbeigeführtes Ende einen Monat vor der bedingungslosen Kapitulation der deutschen Wehrmacht vermuten lässt.

In den letzten Jahren der Weimarer Republik bewegte sich Felix von Papen mit großer Wahrscheinlichkeit in konservativ-monarchistischen Kreisen. Das bedeutet, er konnte der Weimarer Verfassung und der Republik wenig abgewinnen. So lässt sich exemplarisch seine Entwicklung der politischen Einstellung erkennen, die Ergebnis einer tiefgehenden Unrechtserfahrung, nicht einer programmatisch reflek-

---

[3] Corjo Jansen, Inleiding, Anm. 48, in: Felix von Papen – Een Von Papen spreekt: over zijn ervaringen in Hitler-Duitsland. Een uniek oorlogsdocument, übersetzt von Janneke Panders. Prometheus, 2017.

[4] So wird auf S. 16 im Zusammenhang mit einer Folterszene, die sich im KZ Oranienburg ereignete, auf Papens Marburger Rede vom 17.6.1934 hingewiesen.

[5] Das gilt etwa für seine Überlegungen zur „Festungshaft für Parteigenossen", S. 15 ff. In diesen Zusammenhang wird auf eine angebliche Beziehung zwischen Magda Goebbels und ihrem „Diener" Lippok angespielt, die ihm von „Festungshäftlingen" zugetragen worden war. Auf Gerüchte stützt sich auch der Hinweis (S. 30 f.) auf eine Schießerei, deren Opfer Himmler ist. Auf Gerüchte geht die Schilderung des Versuchs der SS-Führung zurück, mit „mehreren hundert SS-Leuten" das Reichswehrministerium zu besetzen (S. 32), oder der angebliche Kampf „unter den Parteiführern" (S. 32), der noch einmal die Morde vom 30.6.1934 thematisiert.

[6] Vgl. Papen, S. 14, S. 18 (Bitte eines Wachmanns um eine gute Stellung in der jüdischen Firma des Häftlings Fritz Schlesinger). Dazu Caroline Georg, Jüdische Häftlinge im Gestapogefängnis im Konzentrationslager Columbia-Haus 1933–1936, Berlin 2021, 323 ff.; S. 30 wird die Klage angesichts seines Schicksals über die Zurichtung „besten deutschen Blutes" berichtet.

tierten Entscheidung war. Dadurch veränderte sich in der Haft der Blick auf Intellektuelle, die zuvor, wie der Anarchist Erich Mühsam[7], gewiss sein Befremden verursacht haben mochten.

Die Lektüre verlangt vom Leser, sich auf den Text einzulassen, nicht immer aus heutiger Sicht zu bewerten, was früher gedacht und gewollt wurde. Um die historische Faktizität zu prüfen, wird es nötig sein, immer wieder nach den Umständen zu fragen, die Felix von Papens Wahrnehmung des Regimes, seine Meinungen und Informationen erklären. Sein Text ist wie ein Zeitzeugenbericht zu verstehen, ohne oberlehrerhafte Attitüde, die den Zeithistoriker so oft vom Zeitzeugen distanziert. Wie die ausführliche Auseinandersetzung mit Goebbels[8] zeigt, stützte sich Felix von Papen auf Gerüchte, die ihm zugetragen wurden, nicht auf die Fakten. Aus halben Richtigkeiten entsteht so ein Weltbild, begründet sich Verachtung des NS-Staates, Gegnerschaft und Durchhaltewillen.

Der Todestag von Felix von Papen wird widersprüchlich überliefert. Der Eintrag des Standesamtes Weimar, das auch den Tod von Häftlingen zu registrieren hatte, lautet auf den 7. April 1945; möglich ist aber auch der 8. April 1945. Felix von Papen starb auf der psychiatrischen Abteilung der medizinischen Universitätsklinik Jena, wo er 1943 eingeliefert worden war. Er galt weiterhin als Häftling des KZ Buchenwald. Erinnerungen an ihn wurden von seiner Frau, aber auch von seinen Kindern bewahrt.

Zu diesen gehören neben Interviews und Briefen auch ein Bericht, in dem Felix von Papen zum Zeitzeugen seiner Entrechtung, Entwürdigung und Folterung, zum Chronisten des Leidens[9] wurde. Dieser Bericht erschien 1938 in den Niederlanden und wurde viele Jahre später, nun übersetzt in die Sprache seines damaligen Zufluchtslandes, erneut publiziert. Mit dieser Neuausgabe wird Felix erneut zum Zeitzeugen, in einer Zeit, in der sehr oft der Verlust der Zeitzeugenschaft beklagt wird. Zunehmend werden wir auf publizierte Zeugenberichte angewiesen sein. Deshalb ist die Klage über den Verlust aus historiographischer Hinsicht zu kurzgegriffen, denn schriftlich festgehaltene Zeitzeugenberichte wie Aussagen vor Gericht bleiben trotz veränderter Rezeptionsbedingungen zeitursprüngliche Überlieferungen. Ihre Wirkung können sie aber nur dann entfalten, wenn die Nachlebenden die Verpflichtung übernehmen, nun selbst zu Zeugen der Zeugen zu werden.

Die Vorbehalte des Historikers gegenüber Zeitzeugen resultiert aus ihrer oft unterentwickelten Bereitschaft, neben der faktologischen Zuverlässigkeit auch ihre Bedeutung für die Darstellung einer erlittenen, empfundenen und verarbeiteten Erfahrung anzuerkennen. Zeitzeugenberichte ermöglichen Wahrnehmungsgeschichte. Das macht auch Felix von Papens Schilderung seiner Odyssee durch Ge-

---

[7] Chris Hirte, Erich Mühsam. Eine Biographie, Freiburg im Breisgau 2009.

[8] Papen, S. 34 ff.

[9] Nach dem Tod Mühsams hatte er sich gegenüber Kameraden verpflichtet, „daß jeder, der von uns übrig bleibt, dafür sorgt, dass die Wahrheit an den Tag kommt". Ebda., S. 21.

fängnisse und Lager bedeutsam. Denn er verwebt Erlebnisse mit Berichten, kann unter den Haftbedingungen Raum und Zeit nicht mehr präzise angeben, wohl aber Abläufe und Empfindungen. Manchmal geht sein Blick zurück und erwähnt Begegnungen, die mit seiner Gegenwart verschwimmen. So erwähnt er in seinem Leidensbericht einige Zeitgenossen, die er vermutlich, wie den sogenannten Kabinettschef von Kronprinz Wilhelm von Preußen, Louis Müldner von Mülnheim, vielleicht schon vor 1933 in gesellschaftlichen Zusammenhängen kennengelernt hatte, bevor er sie im KZ Oranienburg und KZ Lichtenburg erneut traf.

Immer wieder wird dabei deutlich, dass seine Erinnerung teilweise gut verifizierbar sind, an anderer Stelle Unsicherheiten, Vermutungen und Meinungen präsentieren. Auch diese Unsicherheiten sind Bestandteil einer Wahrnehmung im Häftlingsschicksal und entwerten den Bericht nicht, sondern machten ihn zur charakteristischen mentalitätsgeschichtlichen Quelle für die Wahrnehmung seines Leidens und des erfahrenen Unrechts eines Zeitgenossen, der durch seine eigenen, ihm vor 1933 unvorstellbaren Erfahrungen in wenigen Monaten Distanz gegenüber einem Regime aufbaute, die in konsequente Gegnerschaft, in Verachtung der Machthaber mündete. War er durch seine Kontakte in dem konservativen Berliner Milieu von Anbeginn an nicht in dem Maße feindlich gesonnen, wie er später nicht nur bekundete und auch durch seine Kontaktversuche zu Hitler und Frick bewies, so begreift er in der zweiten Hälfte der dreißiger Jahre, dass das NS-Regime es dann vollends seit den vierziger Jahren auf seine persönliche Vernichtung abgesehen hatte.

Dass die Erinnerung an Felix von Papen heute sogar einen Erinnerungsort auf dem Friedhof von Werl hat, ist das Ergebnis der Bemühungen seiner jüngsten Tochter. In diesem Sinne ist aber auch diese Neuausgabe zu verstehen: Denn der Widerstand und die Selbstbehauptung lassen sich nur in ihrer ganzen Breite, Widersprüchlichkeit und Dynamik verstehen, wenn Widerständigkeit nicht nach Traditionen und Richtungen, sondern integral verstanden und gedeutet wird. Er war bestimmt durch ein Ziel: Die NS-Herrschaft zu beseitigen. Nach dem Sturz des Regimes standen neue Auseinandersetzungen über die Struktur, die Ziele, die Grenzen des Staates bevor. Denn jede Zukunft wird aus den Horizonten einer erfahrenen Gegenwart, einer gedeuteten Vergangenheit entwickelt, sie kann als Vorstellung niemals statisch und endgültig sein, sondern wird wiederum auf gewandelte Konstellation von Staat und Gesellschaft reagieren.

Felix von Papen bekam keine Chance, an der Gestaltung einer postnationalsozialistischen und postdiktatorischen, rechtsstaatlichen Ordnung mitzuwirken, die sich zur „Würde des Menschen bekannte". Auch dies gehört zur Tragik der Menschen, die sich angesichts der Zeittendenzen und der Bereitschaft der Zeitgenossen, den weltanschaulichen Führungsanspruch eines Staates zu akzeptieren und seine totalitären Bestrebungen gutzuheißen, in der politisch beschworenen, sie ausgrenzenden Volksgemeinschaft isoliert und einsam fühlten.

I.

Als Hitler zum Reichskanzler ernannt wurde, war Felix von Papen noch nicht einmal 23 Jahre alt. 1928 war er kurz in die NSADP eingetreten, aber nach wenigen Monaten bereits ausgetreten.[10] Nicht einmal ein Jahr nach Hitlers Ernennung wurde er Anfang Dezember 1933 völlig grundlos, wie er empfand, verhaftet. Mehr als eineinhalb Jahre wurde er in drei Konzentrationslagern festgehalten, anschließend nach seiner Entlassung im Sommer 1934 noch einmal kurze Zeit verhaftet, ehe nach der Emigration eine erst mit dem Tod endende Haftzeit begann. Dass er 1933 und 1934 nicht den Anlass seiner Inhaftierung erfuhr, verursachte eine quälende „Ungewißheit", eine ihn nie verlassende Unsicherheit. Dies ist nicht nur verständlich, sondern macht den Kern einer „politischen Justiz" aus, die sich ausdrücklich von Recht und rechtmäßigen Verfahren löst, sich als „politisch" definiert. Wenn der Grund von Inhaftierung nicht angegeben wird, wenn sich kein gerichtliches Verfahren anschließt, dann bleibt eine destruktive, lähmende Unsicherheit, bleibt ein Kern von jederzeit realisierbaren dunklen Ahnungen, bleibt die Furcht vor der Möglichkeit weiterhin „zuschnappender" (Max Weber) und drohender Willkür.

Erst viel später, nach der Ablehnung seines Erstattungsanspruchs, konnte sich Papen seine Verhaftung erklären. Es brauche keine Gründe. Denn es genüge heute der Verdacht, „einen Menschen einzusperren und halb totzuschlagen".[11] Mehr noch: „Eine üble Laune eines Parteimannes kann dich morgen wieder in die Hände der deutschen Tscheka bringen." In der totalitären Diktatur kann jede private Differenz politisiert werden. Scheidungen, Arbeits- und Mieter-Vermieter-Konflikte, Gläubiger-Schuldner-Konflikte, selbst Auseinandersetzungen zwischen Eltern und dem Lehrer ihrer Kinder konnten politisiert werden und bargen so die Gefahr in sich, mit Hilfe von Institutionen des Staates gleichsam gewaltsam ausgetragen werden zu können. Vielleicht wurde Felix von Papen Ende 1933 das Opfer einer ganz banalen, kleinlichen Intrige, vielleicht wurde ihm aber auch seine aus dem Bericht deutlich werdende Bekanntschaft mit konservativ-monarchistischen Kreisen zu seinem Verhängnis oder die Rechnung für seinen Parteiaustritt präsentiert. Auch Corjo Jansen[12] bleibt in seiner Einleitung zur niederländischen Ausgabe des Berichts unentschieden, lotet Möglichkeiten und Wahrscheinlichkeiten aus.

Die erste Verhaftung bleibt bis heute weder erklärbar noch nachvollziehbar; Felix von Papen empfand sie als den Beginn seiner ihn empörenden „Freiheitsberaubung"[13]. Der Bericht macht deutlich, wie rasch sein Gefühl, sich gegen Unrecht wehren zu können und zu müssen, gebrochen wurde. Willkür und Terror zielen auf die Zerstörung der Persönlichkeit. Plötzlich wird deutlich, in welchen Maß eine

---

[10] Papen, S. 11.

[11] Papen, S. 39.

[12] Jansen (wie Anm. 3), S. 9 f. sieht Felix von Papen durchaus aufgrund seiner Kontakte in monarchistische Kreise und seiner Distanzierung von der NSDAP als ein mögliches „monarchistisches Schlachtopfer".

[13] Papen, S. 26.

willkürliche Rechtsverletzung die Seele verletzt. Denn die Institutionen Recht und Gesetz sollen Verhalten von Menschen und Verwaltungen berechenbar machen, Verhaltenssicherheit ermöglichen. Recht stellt einen Zaun dar, der aufgrund der gesetzlich geregelten Grenzen Freiheitsräume schafft. Jeder Mensch hätte das Recht auf Rechte. So drückte Hannah Arendt später ihre Vorstellung von der „gezähmten" politischen Ordnung aus, so charakterisierte sie das Gegenbild des Verfassungsstaates im Bild eines totalitären Unrechtsstaates, der den Zaun des Rechts als Markierung staatlicher Machtbegrenzung nicht akzeptieren konnte, weil er von der unbegrenzten Macht derjenigen ausging, die sich dem politischen Ziel hingaben, durch innenpolitische Feindschafts-Erklärungen die Emotionen der Bevölkerung – und wie sich zeigt: der Wachmannschaften in den Konzentrationslagern – anzufachen.

Dass es sich bei denen, die ihn misshandelt hatten, nicht um Täter „mit gutem Gewissen" (Raphael Gross) gehandelt hatte[14], macht der Bericht Papens klar. Sie hatten keine Prinzipien, keinen Maßstab, sondern lieferten sich dem Gefühl aus, Willkür und Gewalt verbinden zu dürfen. Manchmal empfand er sogar Überlegenheitsgefühle, vor allem wenn er fühlt, dass auch die Angehörigen der Wachmannschaften spezifische Unsicherheiten aus ihrer Angst vor ihrer Zukunft zu bewältigen hatten. Er spürte, dass sie aggressiv und menschenverachtend handelten, weil sie unsicher waren und sogar versuchten, sich für spätere Zeiten abzusichern. Dieses Verhalten haben auch andere Häftlinge beobachtet, umso häufiger, je deutlich wurde, dass das Regime seinem Ende zutrieb. Zugleich machte Papen deutlich, dass viele der Wachleute und Mitarbeiter der KZ-Leitung sich häufig angreifbar machten durch ihre Neigung zur Korruption.

Papen hingegen glaubte an „Gerechtigkeit". Deshalb verfügte er über einen Maßstab, der ihm die Unmoralität derjenigen deutlich machte, die über sein Schicksal bestimmten. Er empfand, „daß der Schmutz in Deutschland regiert und es eine Utopie ist, von solchen Elementen Gerechtigkeit zu erwarten".[15] Die ständige Präsenz des Unrechts konnte nicht nur die deutsche Gesellschaft, sondern auch die Lagergesellschaft ebenso lähmen wie radikalisieren. Dies bewirkte, dass rechtsstaatliche Standards durch die Aufspaltung[16] des Rechts in ein Maßnahmenrecht, das politische Vorgaben exekutierte, und ein weiterhin durch Normen geprägtes Recht, das sich etwa im Zivilrecht manifestierte und nicht preisgegeben wurde, bestimmt blieben. Wenn Papen weiterhin auf Recht als Grundlage der – längst zerstörten – Rechtsstaatlichkeit setzte, so lässt sich dies nicht als eine Aufweichung oder als sein illusionäres Abgleiten des seit dem 19. Jahrhundert entstandenen Rechtsbewusstsein deuten. Er bleibt überzeugt, dass Recht nicht nur als Herrschafts- und Machtin-

---

[14] Raphael Gross, Anständig geblieben. Nationalsozialistische Moral, Frankfurt am Main 2010.
[15] Papen, S. 26.
[16] Ernst Fraenkel, Der Doppelstaat, Frankfurt 1974. Vgl. Sören Eden, Fraenkels ‚Doppelstaat' als Rechtsgeschichte, in: Zeithistorische Studien 16 (2019), S. 278–299.

strument dient, sondern dass es auch zum „Schutz der Schwachen" (Gustav Radbruch) geworden ist, also ein Abwehrrecht gegenüber dem Staat begründet. Felix von Papen stand vor seiner Gefangennahme niemals vor einem Gericht. Deshalb ist sein Vertrauen in die Verurteilung des Unrechts keine Naivität, sondern Ausdruck seines Vertrauens, das ungeheuer erschüttert wurde, als er kein rechtliches Gehör fand. Umso bemerkenswerter bleibt es, wie er in der Haft lange sein Recht verteidigte, seinen Anspruch auf Genugtuung und Wiedergutmachung nicht preisgab, selbst die absolute Machtlosigkeit ertrug, die sich in der Willkür seiner Bewacher manifestiert hatte.

Ende 1937 entschloss sich Felix von Papen, in die Niederlande zu emigrieren. 1937 – in diesem Jahr waren „Schatten von morgen" (Johan Huizinga) erkennbar geworden. Dass er zum Staatenlosen wurde, weil die Gültigkeit seines Passes aufgehoben wurde, konnte er sich nicht vorstellen. Wenige Wochen nach seiner Entlassung aus dem KZ Lichtenburg hatte er sich am 12.10.1934 mit der 1907 geborenen Mathilde Ritter verheiratet. 1936 kam Liselotte in München, 1939 Gaudens in Amsterdam zur Welt. Die dritte Tochter Victoria wurde 1941 in den Niederlanden geboren. Felix wurde im Februar 1942 verhaftet. Es waren also nur zwei Jahre der Normalität, bis zum 10. Mai 1940, und zwei Jahre der Anspannung, die 1938 bei der Übersiedlung in die Niederlande vor ihm lagen.

Nach dem Überfall der deutschen Wehrmacht versuchte Felix von Papen unterzutauchen, wurde aber verraten, erneut verhaftet, in das Deutsche Reich überführt und dort nun wieder KZ-Häftling von Buchenwald. Er wurde dort bis in die letzten Tage des Regimes festgehalten. Vermutlich war diese Verhaftung eine Folge seines Berichts über seine Haftzeit. Dieser erklärte sich aus dem Gerechtigkeitssinn, der aus der Erfahrung der erlittenen Unrechtserfahrung erwuchs, aber auch als Auflehnung gegen das ihm abgerungene Schweigegebot. So stand die neue Inhaftierung im Zusammenhang mit der ersten. Wiederum wurden keine Gründe angegeben. Insofern kann von einer massiven Retraumatisierung ausgegangen werden, die eine schwere Depression nach sich zog. Felix von Papen ließ die Erinnerung an das erfahrene Unrecht nicht los.

II.

So ist der Bericht nicht nur als Ausdruck der Verteidigung seiner Würde, als Ausdruck seiner Selbstbehauptung zu deuten. Er wurde zum Zeichen eines Kampfes gegen das NS-Regime von außen und Papen nahm das Risiko der Verfolgung auf sich. So wird deutlich, dass die Emigration keine Sicherheit brachte, dass Exil nicht bedeutete, wie es später in der Kontroverse[17] zwischen Thomas Mann und Walter von Molo hieß, dass sich der Emigrant in den „Logenplätzen" der Geschichte einzunisten wusste, sondern neben Unsicherheiten und Opfern in der Lebensführung auch große Risiken mit sich brachte. Es ist mehr als wahrscheinlich, dass sein Mut, Zeugnis

---

[17] J. F. G. Grosser (Hg.), Die große Kontroverse. Ein Briefwechsel um Deutschland. Walter von Molo – Thomas Mann, Hamburg 1963.

seiner Erlebnisse abzulegen, die zweite Verhaftung erklärt. Sein Bericht über die Haft bis 1934 und den Umgang des Regimes mit seinem Anspruch auf Aufklärung und Entschuldigung bleibt ein Zeugnis seiner Kraft zur Auflehnung und seines Willens, auch als Häftling seine Widerstandskraft zu bewahren. So sagte er sich: „Sie können mit mir machen was sie wollen, erschießen oder zutode prügeln, das ist mir heute ganz wurst, einen Selbstmord mache ich nicht!"[18]

Wir wissen, dass Terror und Gewalt Menschen an die Grenzen ihrer Resilienz treiben können. In einer Stunde der mentalen Schwäche kann jedoch, wie Felix von Papen an sich bemerkte, der „Instinkt", der „in schwersten Momenten vor der Katastrophe schützte", einen Willen wecken und stärken, im Sieg über sich selbst zugleich einen Triumph über den Peiniger zu bewirken. Das Gefühl, einen „Gefahrenmoment" überstanden zu haben, machte selbstbewusst, gab Kraft und stärkte durch das „herrliche Gefühl", standgehalten zu haben, den Widerstandswillen.[19] Wie sehr der Überlebenswille durch Terror und Entwürdigung stets bedroht war, verbirgt der Bericht nicht. Denn oft steht Papen am Rande der Verzweiflung. Offenbar streifte Felix von Papen mehrfach der Gedanke an den selbstgewählten Tod[20], der oftmals „Selbstmord" genannt oder umschrieben wird, etwa durch den Begriff, jemand hätte Hand an sich gelegt. Der selbstgewählte Tod lässt sich auch als „Freitod" deuten. Er greift nicht leichthin nach einem, wird nicht freiwillig gewählt, sondern erscheint gleichsam durch Zwangsumstände als unausweichlich und sollte in die Freiheit von Gewalt und Leiden führen. So wird in der Selbsttötung das Überschreiten der letzten Grenze als „Freiheit" gedeutet.

Felix von Papen hatte in den Jahren seiner Haft erfahren, wie wenig ein Menschenleben, wie wenig menschliche „Würde" galt. Papens Empfindungen in seiner dunkelsten Zeit finden ihre Entsprechung in den Schicksalen und Berichten anderer Verfolgter: Julius Leber, nach einem gelungenen Anschlag von 20. Juli 1944 als Innenminister des Umsturzregime vorgesehen, schrieb seiner Frau, er müsse seinen „bitteren Weg bis zum Ende gehen"[21]. Ludwig Marum, der ehemalige badische Justizminister, verweigerte sich der Bitte seiner Frau, ein Gnadengesuch zu stellen, denn Gnade sei nur nach einer gerichtlichen Verurteilung als Straftäter denkbar. Karl Ibach, in die Niederlande entkommen, wurde 1936 beim Besuch seiner Eltern verhaftet und zusammengeschlagen. Als Tiefpunkt empfand er es, als er als Angehöriger des Strafbataillons 999 die Wehrmachtsuniform tragen musste. Viele Erinnerungen der Häftlinge, in denen sich ihre Hafterfahrungen und -leiden niederschlagen, ähneln denen, die Felix von Papen überliefert.[22]

---

[18] Papen, S. 16.
[19] Ebda.
[20] Ebda., S. 10 f. erinnert er sich an den Selbstmord eines Lehrers und erwähnt andere Arten eines Selbstmordes.
[21] Julius Leber an seine Frau, 31. 8. 1933, in: Julius Leber, Schriften, Reden, Briefe, hg. v. Dorothea Beck u. W. F. Schoeller, München 1976, S. 278.
[22] Vgl. Valentin Schwan, Bis auf weiteres, hg. u. kommentiert von S. Weitkamp, Göttingen 2023 (Schriftenreihe der Gedenkstätte Esterwegen 4).

Terror soll nicht nur den Willen brechen, sondern einen Menschen im Kern seiner Persönlichkeit treffen, gleichsam zerbrechen.[23] Die Grenzen zwischen Terror und Sadismus, der sich als Rache, als Ausleben einer absoluten Macht darstellt, sind fließend. Felix von Papen erfährt alle Spielarten der individuellen, persönlichkeitszerstörenden Willkür. Ermöglicht werden derartige Exzesse, wenn das Leben des Einzelnen nichts mehr gilt, wenn durch Willkür die dem totalitären System entsprechende Durchherrschung der Gesellschaft in die Politisierung des Alltags mündet und in eine tödliche Konfrontation gesteigert wird. Sie führt schließlich dazu, dass die Schändung des Rechts, die schrankenlose Willkür eines Übergriffs in die Ermordung eines Menschen mündet.

Die Ermordung von Erich Mühsam[24] lässt sich ebenso wie der Selbstmord des Lehrers[25], an den Felix von Papen erinnert, als Rache an den ehemaligen politischen Gegnern deuten. Bereits in den frühen dreißiger Jahren hatten Kritiker des NS-Staates wie Theodor Wolff für den Fall der NS-Herrschaft eine „Realisierung der Rache" an Menschen prophezeit, die den Nationalsozialisten als Marxisten, als Kulturbolschewisten oder als „Novemberverbrecher" galten. In dieser Weise wurde Felix von Papen allerdings nicht von seinen Peinigern beschimpft. Bei ihnen kam eher die Ablehnung des Adels zum Ausdruck. Damit konnte sogar in bestimmten Situationen Respekt verbunden sein. Papen überliefert sogar, dass er mit seinem Namen angeredet, nicht geduzt, sondern gesiezt wurde.[26] Spuren von Verbrechen lassen sich auf unterschiedliche Weise beseitigen. Man kann die Verbrechen mit Namen belegen, die denjenigen, der sie verübt, ins Recht setzten. Man kann sie auch durch Begriffe verklären, spricht dann von „Sonderbehandlung" oder von „Endlösung", von „Bandenkampf" und „Rassenschande". Man kann aber auch versuchen, das Reden über das Unrecht zum Verstimmen zu bringen, indem Schweigeverbote verhängt werden. In jedem Fall gilt es, Spuren von Verbrechen zu beseitigten.

Auch diese Erfahrung machte Felix von Papen. Er wurde aufgefordert, sich selbst das Leben zu nehmen. Diese Zumutung weckte nicht nur die letzten seiner Lebens-, sondern auch neue Widerstands- und Selbstbehauptungskräfte. Denn selbst zum Werkzeug des an sich selbst verübten Unrechts zu werden, dass hätte bedeutet, den Peinigern vollends zu erliegen, sich unter die totale, absolute Herrschaft eines Gewaltregimes zu begeben, zum Werkzeug der Machthaber zu werden. Auch später berichtet er, dass ihn „sein Stolz aufrecht" hielt: „Ich wollte denen nicht zeigen, daß sie mit ihren Gemeinheiten Erfolg hätten."[27]

---

[23] Vgl. Papen, S. 13: „Gerade in den schwersten Momenten erfüllte mich ein innerer Glaube an meine Persönlichkeit. Ich sah mich frei und mit diesen Leuten abrechnen."

[24] Rolf Kauffeldt, Erich Mühsam. Literatur und Anarchie. Stuttgart/München 1983.

[25] Papen, S. 10.

[26] Papen, S. 13.

[27] Papen, S. 16.

III.

Der Gedanke der Wertlosigkeit des Lebens wurde in Hitlers Denken noch einmal auf eine tödliche Weise 1944 mit seiner Überzeugung von der verspielten Zukunft durch die militärische Niederlage, gleichsam dem völkischen Scheitern im Daseinskampf im Zusammenhang eines kollektivierten Sozialdarwinismus verbunden. Er kam in seinem „Zerstörungsbefehl" vom 19. 3. 1945 – dem „Nero-Befehl" – zum Ausdruck, den Albert Speer konkretisierte, indem er die von Hitler eine Woche später geäußerte Weigerung überlieferte, diesen Befehl zu widerrufen: „Wenn der Krieg verloren geht, wird auch das Volk verloren sein. [...] Es sei nicht notwendig, auf die Grundlagen, die das Volk zu seinem primitivsten Weiterleben braucht, Rücksicht zu nehmen. Im Gegenteil sei es besser, selbst diese Dinge zu zerstören. Denn das Volk hätte sich als das schwächere erwiesen und dem stärkeren Ostvolk gehöre dann ausschließlich die Zukunft. Was nach dem Kampf übrigbliebe, seien ohnehin nur die Minderwertigen; denn die Guten seien gefallen."[28]

Hitler hatte nicht nur in vielen Lagebesprechungen deutlich gemacht, dass ein geschlagenes Volk im Kampf um das Dasein wie das deutsche keine Zukunft haben könnte und sollte. Er war überzeugt, dass die überlebende Bevölkerung nach der Niederlage sich nicht auf eine eigene Führung stützten könnte. Vor diesem Hintergrund ist erklärlich, weshalb seit Herbst 1944 eine potenzielle Führungsschicht im Zuge einer Massenverhaftungsaktion „Gitter" oder „Gewitter" zerniert und jeder Ansatz einer Zersetzung der Wehrkraft mit dem Tode bestraft werden sollte. Bis in die letzten Tage des Regimes wurden „Gegner" ermordet, durch Standgerichte, aber auch durch Erschießungen oder Ermordungen, durch Gift oder medizinische Eingriffe, die verbrämt wurden. Manche seien, wie Elser, bei einem Bombenangriff ums Leben gekommen, andere, wie etwa der in der Universitätsklinik durch Unterernährung geschwächte und möglicherweise vergiftete Felix von Papen, eines natürlichen Todes gestorben. Nach Hitler sollte keine neue Führungsschicht vorhanden sein. Deshalb mussten am 9. April 1945 Georg Elser, Hans von Dohnanyi, Dietrich Bonhoeffer, Wilhelm Canaris und Karl Sack ihr Leben lassen. Wenige Tage später wurden die Morde nahe dem Lehrter Bahnhof verübt.[29]

Zu diesen in letzter Stunde gemeuchelten Regimegegnern gehörte auch Felix von Papen, in den ersten Apriltagen 1945 im Alter von 35 Jahren ein noch junger Mann.

---

[28] Bundesarchiv Koblenz N 1340/215 „29. März 1945 Schreiben Speers an Adolf Hitler Zusammenbruch des Deutschen Reiches, Opposition, insbes. gegen die Zerstörungsbefehle Hitlers (vgl. R 3/1538)"; auch abgedruckt als (Beweisstück Speer-24) Schreiben Speers an Hitler vom 29. März 1945: Ersuchen um Aufhebung des Zerstörungsbefehls Hitlers vom 19. März 1945 (Dokument Speer-30), Beweisstück Speer-24, in: Der Prozess gegen die Hauptkriegsverbrecher vor dem Internationalen Militärgerichtshof. Nürnberg 14. November 1945–1. Oktober 1946. Band XLI. Amtlicher Text – Deutsche Ausgabe, Urkunden und anderes Beweismaterial. Nürnberg 1949. Fotomechanischer Nachdruck: München, Delphin Verlag, 1989, S. 425–29.

[29] Johannes Tuchel, ‚Denn ihrer aller wartete der Strick': Das Zellengefängnis Lehrter Straße 3 nach dem 20. Juli 1944, Berlin 2014.

Er hätte sein Leben mit seiner Frau und seinen Kindern noch vor sich gehabt. Insgesamt fünf Jahre seines Lebens, also ein Siebtel seiner Lebenszeit, war er ein KZ-Häftling gewesen, drei Jahre hatte er im Exil gelebt, drei Jahre im Reich unter der Beobachtung der Gestapo gestanden. Auch in dieser Hinsicht ist sein Verfolgungsschicksal nicht ungewöhnlich: Kurt Schumacher verbrachte etwa zehn Jahre der NS-Zeit in Haft, Ernst Thälmann wurden 1933 inhaftiert und unmittelbar nach dem 20. Juli 1944 ermordet. Karl Ibach war seit 1936 inhaftiert und wurde in das Strafbataillon 999 überführt.

Die Nationalsozialisten wollten nicht nur die Spuren ihrer gewaltsam umgekommenen Opfer beseitigen, sondern die Erinnerungen an sie auslöschen. Viele Leichname wurde der Pathologie überlassen, andere verbrannt oder anonym in Massengräbern begraben. Um Erinnerungen zu verhindern, sprachen sie ein Schreibverbot aus, das im Falle einer Entdeckung stets sehr streng und immer unerbittlich geahndet wurde. So gesehen, kam ihnen Felix von Papen mit seinem Bericht zuvor. Seine Erinnerungen konnten von der niederländischen Regierung zwar beschlagnahmt, aber nicht völlig beseitigt werden.[30] Dennoch brachten sie die Opfer nicht zum Schweigen, konnten sie Aufzeichnungen nicht verhindern. Davon zeugen Aufzeichnungen von Delp, Moltke, Bonhoeffer und Erinnerungsberichte, Liedtexte und Gedichte wie die „Moabiter Sonette" von Albrecht Haushofer.

Felix von Papen wurde zu mehr als nur zum Chronisten seiner ersten Haftzeit. Er wurde zu einem Zeugen der Anklage aus dem bürgerlich-konservativen Milieu. Er schrieb seine Hafterinnerungen nicht nur nieder, um so seine um seine Rehabilitation bemühte Intervention verständlich zu machen, die sich an Hitler selbst richtete, sondern immer entschiedener wurden seine Feststellungen über ein an Recht und Gesetz nicht gebundenes System. Wie tief sich Unrechtserfahrungen Hilfsloser einbrennen, wie destruktiv, fast persönlichkeitsverändernd sie wirken, ist oft beschrieben worden. Diese Erfahrung schlug sich in der Literatur nieder: Reinhold Schneider analysierte die Wirkung verweigerten Rechts im „Attentat", Heinrich von Kleist im „Michael Kohlhaas", und Schiller beschrieb den „Verbrecher aus verlorener Ehre".

„Wählte Unehre, wo Gehorsam keine Ehre brachte", stand auf dem Grabstein eines von Malzahn, der sich geweigert hat, unbedingt Gehorsam zu leisten. Die „Antigone" des Sophokles, die „Hekitiden" des Euripides waren ebenso wie Schillers „Wilhelm Tell", Kleists „Prinz von Homburg" und Goethes „Götz von Berlichingen" Schullektüre. Vielleicht war es diese Tradition, die Papen bewegte, als er sich an Hitler wandte. Ob sein Schreiben diesen jemals erreichte, wissen wir nicht. Aber es gelangte durch seinen Bericht in die Öffentlichkeit und entfaltete dort insofern eine spezifische Wirkung, als diesmal nicht ein als Marxist verunglimpfter Gegner des NS-Regime sprach. Der Anspruch der Nationalsozialisten, den Bolschewismus zu bekämpfen, fand bei vielen konservativen Kräften durchaus Unterstützung, die von dem NS-Regime genutzt wurde. Sie gaben vor, die europäische

---

[30] Vgl. Corjo Jansen (wie Anm. 3), Inleiding, S. 21 f.

Zivilisation, das „Abendland", zu verteidigen und zu bewahren. Insofern war es bemerkenswert, dass hier ein Vertreter des bürgerlich-aristokratischen Denkens nicht davor zurückschreckte, bei Hitler selbst Protest einzulegen. Er versuchte auf seine Weise, die Maskerade des Bösen (Dietrich Bonhoeffer) zu entzaubern. Auch deshalb war sein Bericht bemerkenswert, fand Felix von Papen doch im Exil sehr bald Widerhall bei emigrierten Oppositionellen, wurde sein Bericht als Zeugnis erlittener Qualen wahrgenommen.

Willi Münzenberg[31] erkannte vielleicht als erster die Bedeutung des Berichts als propagandistisch wirkungsvolles Instrument in seinem Kampf gegen das NS-Regime. Er arbeitete an einer Sammlungsbewegung weit über die Grenzen der Volksfront hinaus, denn es galt Menschen zu überzeugen, die politisch nicht nur auf der Linken verortet werden konnten. Gerade sie seien „in dem großen und so schweren Kampf" nötig, „um der Verblendung entgegenzuwirken im Angesicht der wachsenden Gefahr für Frieden und Freiheit, schließlich um die Gleichgültigen aufzurütteln".[32] Möglicherweise erklärt diese Resonanz in der linken Mitte des Exil das nach 1945 eingetretene Vergessen, denn Münzenberg als Gegner von Stalin, Ulbricht und der „Generallinie" fand erst spät die ihm gebührende Anerkennung als Gegner des NS-Regimes.[33]

Wenn das Schicksal von Felix von Papen nach 1945 nicht völlig vergessen wurde, so ist dies nicht zuletzt seiner jüngsten Tochter „Vicky"[34] zu verdanken, die ihren Vater nie kennenlernen durfte, weil sie wenige Monate vor dessen Verhaftung und Einweisung in das KZ Buchenwald geboren worden war. Dass sich Papens Ehefrau Mathilde in der Nachkriegszeit sehr lange in Schweigen hüllte, war insofern verständlich und in einem charakteristischen Sinne „beredt", als das Interesse sowohl der deutschen wie auch der niederländischen Gesellschaft an „Opfergeschichten" in der frühen Nachkriegszeit sehr gering war.

Dennoch gibt es eine weitere Erklärung für die zurückgehaltene Erinnerung. Sie war ein Begleitumstand des verwandtschaftlichen Versagens von Franz von Papen, der seine Erinnerungen wenige Jahre nach seiner Freilassung aus der Haft unter dem programmatischen Titel „Der Wahrheit eine Gasse"[35] veröffentlichen konnte. „Der Letzte macht das Licht aus" – dieser Satz erklärt rudimentäre Erinnerungen an die Verstorbenen, denn es sind die Lebenden, die sich erinnern müssen und dabei oft selektiv, verdrängend und auch verfälschend, nicht selbstkritisch und schon gar nicht selbstanklagend vorgehen. Franz von Papen, mit Felix verwandt, war bis zu seinem Tod vor allem um seine eigene Reputation bemüht.

---

[31] John Green, Willi Münzenberg. Fighter against Fascism and Stalinism, London 2020.

[32] Manès Sperber, Bis man mir Scherben auf die Augen legt, Wien 1977, S. 133.

[33] Babette Gross, Willi Münzenberg. Eine politische Biographie. Stuttgart 1967.

[34] Vgl. Geert Costen, Interview met Vicky van Asch van Wijck, dochter van Felix von Papen, in Jansen (wie Anm. 3).

[35] Franz von Papen, Der Wahrheit eine Gasse, München 1952.

IV.

Über Felix von Papens Jugendzeit ist sehr wenig bekannt. Er kam nicht wie andere Gleichaltrige durch Kriegseinwirkungen um, sondern er musste sterben, weil er als Gegner des Nationalsozialismus galt und in den Endphasen des Krieges ein Menschenleben nichts galt. Nicht einmal sein Todesdatum ist gesichert, wie es so oft der Fall ist, wenn für Konzentrationslager, Euthanasie-Anstalten und Hinrichtungsstätten zuständige Standesämter den Tod der Ermordeten zu bescheinigen hatten. Dem NS-Regime gelang es nicht, die Erinnerung an Felix als Opfer nationalsozialistischer Verfolgung und Gewaltherrschaft zu tilgen. Das lag zum einen an der Erinnerung seiner Angehörigen, zum anderen aber an ihm selbst, denn nachdem er Ende Juli 1934 nach einem zweiten Selbstmordversuch aus dem Konzentrationslager Lichtenburg entlassen worden war, konfrontierte er die NS-Führung mit den Verbrechen, die er beobachtet hatte und denen er selbst ausgesetzt war. Er wandte sich sogar an Hitler und verlangte eine Entschuldigung oder eine Haftentschädigung, also sein Recht. Anfang 1938 gelang es Felix von Papen, in die Niederlande zu entkommen. In der Haft hatte sich trotz der Misshandlungen und Schikanen eine Entschlossenheit herausgebildet, sich nicht einschüchtern zu lassen. Bald veröffentliche er als Privatdruck seine Erinnerungen an seine Haftzeit im Konzentrationslager Columbia-Haus unter dem Titel „Ein Von Papen spricht". Es steht in einer Reihe von Erinnerungen anderer Regimegegner, die nach Freilassung und Flucht – den Begriff der Emigration sollte man in diesem Zusammenhang vermeiden – ihre Entrechtung während der NS-Herrschaft beschrieben.

Die zeithistorische Bedeutung seines Textes erkannte Willi Münzenberg, der von Paris aus im Exil mit der Zeitschrift „Die Zukunft" nicht nur journalistischen, sondern politischen Widerstand leistete. „Die Zukunft" verstand sich als Organ einer breiten Volksfront aller Gegner des Nationalsozialismus. Dafür standen linkskatholische Redakteure wie W. Thormann oder der vom Stalinismus zunehmend desillusionierte Arthur Koestler, denen es gelang, außer Heinrich Mann auch Alfred Döblin und Thomas Mann sowie Sigmund Freund als Autoren zu gewinnen. Indem „Die Zukunft" die europäische Öffentlichkeit über Rechtsbrüche und Terror, Willkür und Verbrechen des NS-Regimes aufklärte, wollte sie die Bereitschaft stärken, dem befürchteten Zivilisationsbruch zu widerstehen, der sich nicht nur im Nationalsozialismus, sondern auch im Bolschewismus zeigte und eine antitotalitäre Grundüberzeugung festigte. Die Wirkung des Berichts entsprach den Erwartungen. Die Reaktionen der niederländischen Öffentlichkeit hat Corjo Jansen untersucht und dokumentiert.[36] Papens Broschüre wurde in Fortsetzungen von Münzenberg veröffentlicht. Diese bis dahin erstmalige Schilderung eines adeligen Regimegegners war insofern bemerkenswert, als Felix von Papen vor 1933 nicht zum Sozialismus oder Kommunismus neigte, sondern eher als oppositioneller Monarchist galt. Damit schien das Lager zu erodieren, das bei der Linken stets als reaktionär galt und mit

---

[36] Jansen (wie Anm. 3), S. 21 ff.

Organisationen wie dem „Stahlhelm"[37] und dem „Jungdeutschen Orden"[38] in Verbindung gebracht worden war. Aber vor dem Hintergrund der damaligen Volksfrontdebatten kam seinem Bericht eine besondere Bedeutung zu, weil es Münzenberg vor allem nach den Erfahrungen mit dem Stalinismus im Spanischen Bürgerkrieg darum ging, eine möglichst breite Front aller aus politischen und rassenideologischen Gründen in das Exil vertriebenen Deutschen zu repräsentieren, die den Sturz des Regimes durch Gegenkräfte und sein politisches Scheitern im Zusammenhang militärischer Interventionen erwarteten und, wie Heinrich Mann betonte, ein „anderes Deutschland" sichtbar machten. Überdies war der Namen der „von Papen" in der Endphase der Weimarer Republik zeitpolitisch zum Begriff geworden, denn Franz von Papen galt als Politiker, der entschieden den Verfassungswandel der Republik durch seinen „Preußenschlag" betrieben hatte.[39]

Das westfälische Adelsgeschlecht „Pape" hatte allerdings eine Geschichte, die sich nicht in dem Fehlverhalten eines Politiker erschöpfte, der in der zeitgeschichtlichen Forschung wie nur wenige andere einhellig negativ – als „Herrenreiter, Steigbügelhalter und deutsches Verhängnis", sogar als „Mörder einer Demokratie"[40] beurteilt wurde. Es konnte seine Spuren bis in das 9. Jahrhundert verfolgen, fast bis in die Zeit Karls des Großen.

Felix Maria Michael von Papen-Wilbring war am 12. Mai 1910 in Diedenhofen zur Welt gekommen. Sein Vater Felix Anton hatte 1871 als ein Spross der Linie Papen-Wilbring das Licht erblickt. Er hatte sich im Mai 1899 mit der Niederländerin Maria Scholten (1876–1929) vermählt. Sie war die Tochter des aus Rotterdam stammenden, aber in Mayen/Eifel ansässigen Reeders und Industriellen Jan-Arendt Scholten. Felix Anton von Papen war Bergbauingenieur und Bergwerksdirektor in der Nähe von Metz und wurde 1918 von der französischen Regierung im Zuge der Nationalisierungs- und Homogenisierungsmaßnahmen aus Lothringen ausgewiesen.

Die Eltern von Felix waren Unternehmer, insofern war die Verheiratung mit einer bürgerlichen Ehefrau nicht ungewöhnlich, sondern charakteristisch für Angehörige eines Adelsgeschlechtes, das sich nicht primär im Staats- und Militärdienst verortete, sondern eine starke Tendenz zur Finanzwirtschaft und damit zur Anpassung an die bürgerliche Gesellschaft hatte. Immer häufiger wurden Adelige Unternehmer oder Finanzfachleute. Sie wollten sich nicht länger in der Enge ihres Standes einrichteten, sondern unternehmerisch tätig sein und hatten damit Erfolg, der allerdings durch die deutsche Niederlage unterbrochen wurde. Insofern ist es auch nicht überraschend, dass Felix Maria von Papen, dem wir den Bericht seiner Verhaftung und Unter-

---

[37] Volker R. Berghahn, Der Stahlhelm. Bund der Frontsoldaten 1918–1935, Düsseldorf 1966.

[38] Klaus Hornung, Der Jungdeutsche Orden, Düsseldorf 1958.

[39] Dazu bis heute grundlegend Karl-Dietrich Bracher, Die Auflösung der Weimarer Republik: Eine Studie zum Problem des Machtverfalls in der Demokratie, Stuttgart 1955.

[40] Karl-Dietrich Bracher, in: Der Spiegel 16 v. 15.4.1968, S. 160.

drückung verdanken, den Beruf des Bankkaufmanns wählte. Er machte sich in den späten Jahren der Weimarer Republik einen Namen als Wirtschaftsjournalist.

Die Familiengeschichte der Papens ist durch Überkreuzehe von Franz-Joseph von Papen-Koningen (1810–1852) mit Antoinette von Papen-Wilbring (1814–1875) im Jahre 1837 sowie durch die sich wiederum überkreuzende Eheschließung im Jahre 1834 von Ferdinand von Papen-Wilbring (1805–1881) mit Casparine von Papen-Wilbring (1815–1891) verbunden, zugleich aber auch kompliziert. Franz-Joseph und Antoinette waren ebenso Geschwister wie Ferdinand und Casparine. Franz von Papen (1879–1969), der spätere Reichskanzler, ging aus der Ehe von Franz-Joseph von Papen Köningen mit Anna von Steffens-Drimborn hervor. Er hatte einen Bruder und zwei Schwestern.

Hingegen gingen aus der Ehe von Ferdinand und Antoinette sechs Söhne und vier Töchter hervor. Der zweitälteste Sohn Ferdinand von Papen (1841–1893) hatte im Juni 1867 Fanny Freiin von Schelver (1841–1891), Tochter des Besitzers des Ritterguts Schafhausen bei Werl, Felix Friedrich Maria Georg von Schelver und seiner Frau Henriette Freiin von Doderstadt, geheiratet. Felix Anton, der Vater von Felix Maria, war 1871 zur Welt gekommen, acht Jahre vor Franz von Papen. Er war der älteste von zwei Söhnen und zwei Töchtern und Cousin 1. Grades. Auch wenn Felix später als Neffe des Reichskanzlers bezeichnet wurde, so trennten sie altersmäßig nicht nur mehr als drei Jahrzehnte, sondern auch unterschiedliche Lebenswege und -sphären.

Familiäre Verbindungen sind für sein weiteres Leben deshalb nur insofern wichtig geworden, als Felix durch die Überkreuzheiraten seiner Großeltern mit dem mehr als dreißig Jahre älteren Franz von Papen als Neffe 2. Grades verwandt war, auch durch seinen Namen leicht identifiziert werden konnte und möglicherweise durch seinen seiner Herkunft entsprechenden Umgang in monarchistisch-großbürgerlichen Kreisen Aufsehen oder zumindest eine gewisse Aufmerksamkeit erregt hatte, weil Franz von Papen zu einem der wichtigen und umstrittenen Politiker in der vergehenden Republik geworden war.

Felix scheint Kontakte zu preußisch-monarchistischen Kreisen gehabt zu haben, zu denen auch Reichswehroffiziere gehörten. Zumindest wird das in dem Wikipedia-Artikel über das Geschlecht der Papen behauptet. Belegen lassen sich diese Kontakte so wenig, wie sie sich nicht definitiv verifizieren oder gar qualifizieren lassen. Einige Bemerkungen seines späteren Berichts verweisen allerdings auf Bekanntschaft mit Angehörigen dieser Kreise, die sich auf diese Weise erklären lassen. Mögliche derartige Kontakte haben ihm Einsicht in politische Diskussionen geben können, prägten aber vermutlich nicht seine politische Identität.

Dies ist zu bedenken, wenn seine zuweilen fragmentarischen Rückblicke in seinen Erinnerungen an die erlittene Haft interpretiert und bewertet werden, die Felix von Papen nach seiner Flucht aus Deutschland in die Niederlande veröffentlichte. Es sind Eindrücke des Terrors, des Ausgeliefertseins, die er seinen Lesern vermittelt. Sie müssen im Zusammenhang mit anderen Erinnerungen an Entrechtung, Inhaftierung und Folterung gelesen werden, die dem Menschen das Gefühl völliger Einsamkeit in der Auslieferung an eine totale Macht geben. In einer Hinsicht allerdings kann die Darstellung des Wikipedia-Artikels korrigiert werden. Felix von Papen wurde nicht aus seinem Haus „entführt"[41]; dies hätte er gewiss erwähnt.

V.

Felix von Papen war eigentlich zu jung, um in der Endphase des Weimarer Republik eine Bedeutung zu erlangen, die seine Inhaftierung erklärt. Er hatte in den späten Jahren der Weimarer Republik eine Banklehre in Berlin absolviert. Sein erstes Geld hatte er als Journalist verdient. Er gehörte mit großer Wahrscheinlichkeit zu den Zeitgenossen, die die Weimarer Republik skeptisch und kritisch sahen und hatte sich vermutlich in dieser – kurzzeitigen – Stimmung der SA und vermutlich auch der NSDAP angeschlossen. Dies geschah nicht aus ideologischer Übereinstimmung mit dem NSDAP-Programm, sondern als Zeichen seines Protestes und als Ausdruck seiner allgemeinen Unzufriedenheit mit den Verhältnissen, die in der Wirtschaftskrise geradezu eine politische „Panik im Mittelstand" verursachten.

Wie Felix die Regierungsübernahme und die Ernennung von Franz von Papen erlebte, entzieht sich unserem Wissen. Fest steht, dass er am 6. Dezember 1933 in Berlin auf eine Weise verhaftet wurde, die überraschend kam und den Eindruck einer Entführung nährte. Spekulationen suchten das Rätsel zu lösen. War er wegen monarchistischer Umtriebe abgeführt worden? Allerdings erscheint das angesichts der damaligen Stellung der Hohenzollern zum Hitler-Regime und zur NSDAP wenig plausibel. Zumindest aber wird es so seinem Eintrag bei Wikipedia angedeutet. Papen wurde in das damals bereits berüchtigte Konzentrationslager „Columbiahaus"[42] eingeliefert, das sich in Kasernengebäuden der General-Pape-Straße am Rande des Flugfeldes von Berlin-Tempelhof befand. Wegen monarchistischer Umtriebe inhaftiert zu werden, konnte allerdings auch bedeuten, dass es bei der Verhaftung um etwas ganz anderes ging, etwa um eine Bestrafung oder eine Begleichung alter Rechnungen.

Ein Zusammenhang mit den späteren Ereignissen um den 30. Juni 1934 scheidet jedenfalls aus zeitlichen Gründen aus. In den ersten Jahren des „Dritten Reiches" waren monarchistische Bestrebungen und Hoffnungen, die sich immer auch gegen das Weimarer ‚System' gerichtet hatten, nicht nur verbreitet, sondern wurden noch nicht kriminalisiert. Zu den prominenten SA-Leuten gehörten der Hohenzollernprinz August-Wilhelm („Auwi"), der wie auch sein älterer Bruder Kronprinz Wilhelm und der im niederländischen Exil im Haus Doorn lebende Vater Kaiser Wilhelm II. den Gedanken einer monarchistischen Restauration verfolgten.

---

[41] Vgl. Papen (Adelsgeschlecht) – Wikipedia (https://de.wikipedia.org/wiki/Papen_(Adelsgeschlecht)).
[42] Kurt Schilde/Johannes Tuchel, Columbia Haus: Berliner Konzentrationslager 1933–1936, Berlin 1990; Karoline Georg u. a., ‚Warum schweigt die Welt?' Häftlinge im Berliner Konzentrationslager Columbia-Haus 1933–1936, Berlin 2013.

Manche Anhänger einer Wiederherstellung der Monarchie setzten sich nicht nur in der Republik, sondern auch im NS-Staat und sogar bis weit in die Frühgeschichte der Bundesrepublik für eine Restitution der Hohenzollern unter Prinz Louis Ferdinand ein. Selbst im Widerstand gegen den Nationalsozialismus wurden im NS-Staat monarchistische Bestrebungen toleriert. Das NS-Regime kriminalisierte vor allem nach dem 20. Juli 1944 monarchische Präferenzen, also erst im Zusammenhang mit den Umsturzbestrebungen bayerischer Monarchisten wie dem Sperr-Kreis im Zusammenhang mit Attentatsplänen im Umkreis des 20. Juli 1944. In der Reaktion auf den Umschlag steigerte sich die Adelsfeindschaft der Nationalsozialisten in der Endphase des Regimes noch einmal. Dies erklärt die besondere Polemik gegen Angehörige des Adels vor dem Volksgerichtshof gegen den Sperr-Kreis[43] und vielleicht auch den Tod Felix von Papens in den frühen Apriltagen 1945.

Felix konnte sich seine Arrestierung zu keiner Zeit erklären. Am 11. Januar 1934 in das Konzentrationslager Oranienburg verlegt[44], wurde er bei seiner ersten Vernehmung unmittelbar nach der Einlieferung auf Befehl des Obersturmführers und stellvertretenden Kommandanten Hans Stahlkopf geprügelt und mehrfach schwer misshandelt, immer wieder schikaniert. Felix von Papen bezeichnete den Leiter der „Verhörabteilung" Stahlkopf als „Halbtier"[45], protestierte schließlich gegen diese ihn tief deprimierende Behandlung, beeindruckte schließlich seinen Peiniger und wurde dessen Schreiber, bekam also innerhalb der nach Funktionen und Verhaftungsanlässen geschichteten Häftlingsgesellschaft eine Art von „Vorzugsstellung".

Dies bedeutete, dass er als Häftling und Teil des Verwaltungsapparates gleichsam eine Doppelexistenz unter Haftbedingungen führen musste. Er hatte einerseits das Lagerleben und seine Mithäftlinge im Blick zu haben und zugleich das willkürliche Verhalten der Wachmannschaften zu beobachten, andererseits sich selbst als resilient beweisen. So verlangte er weiterhin Rechenschaft vor sich selbst, suchte nach Erklärungen und Gründen für seine Behandlung, wobei oftmals Fragen nur dazu führten, dass weitere Schikanen zu erleiden waren. Er fühlte sich angesichts der von ihm deutlich spürbaren „Unwissenheit und Ahnungslosigkeit" seiner Bewacher über diese erhaben, entwickelte ein feines Gespür für Stimmungsveränderungen und stellte die sich mit der Mordaktion vom 30. Juni 1934 ankündigende und dann in einer die SA-Führung ausschaltenden Mordaktion entladene Spannung bereits im Vorfeld des Ereignisses fest. Das merkwürdige Verhalten der „angstschlotternden"[46] SA-Leute im Lager machte ihm bewusst: „Ich fühlte, daß der Boden unter unseren Füßen schwankte; der 30. Juni 1934 bereitete sich vor."[47]

---

[43] Manuel Limbach, Bürger gegen Hitler. Vorgeschichte, Aufbau und Wirken des bayerischen „Sperr-Kreises". Göttingen 2019.

[44] Papen, S. 12.

[45] Papen, S. 16.

[46] Papen, S. 20.

[47] Papen, S. 17.

Vermutlich ahnte er weniger die Mordaktion selbst, als dass er ein Gespür für die Unsicherheiten empfand, die im Zuge der bevorstehenden Auflösung des Konzentrationslagers die Wachmannschaften des Konzentrationslagers Oranienburg ergriff. Dieses galt mit seinen Nebenlagern als ein besonderes Bedrohungspotential verkörperndes SA-Lager in unmittelbarer Nähe der Hauptstadt und damit eine Gefahr für die Regierung. Es wurde seit März 1933 vom berüchtigten SA-Sturm 208 bewacht, der seit Oktober 1933 zur SA-Brigade 26 Brandenburg-Ost gehörte. Die Wachmannschaften errichteten ein von ihrer Willkür abhängiges Gewaltregime. In den ersten Monaten wurden Vergeltung und Rache geübt. Deshalb bezeichnete das Attribut „wild", das diesem Lager zugesprochen wurde, nicht nur Organisationsdefizite, sondern Regellosigkeit. Erst Monate später wurde von Eicke für das Konzentrationslager ein Reglement erlassen, das auch für andere Lager gelten sollte.[48]

Das KZ Oranienburg darf nicht mit dem späteren KZ Sachsenhausen verwechselt werden und stellte nicht einmal dessen Keimzelle dar. Es befand sich bis zu seiner Auflösung am 14. Juli 1934 in einer ehemaligen Brauerei.[49] Als „wild" wurde es bezeichnet, weil es noch nicht von der preußischen Justizverwaltung beaufsichtigt werden konnte, sondern seine Autonomie mit aller Kraft verteidigte. Durch die Erlasse des damaligen preußischen Innenminister Görings vom 17. und 22. Februar 1933 waren die Grenzen zwischen SA und Polizei weitgehend aufgehoben. Göring war Vorgesetzter aller preußischen Polizeibeamten und überging mit seinen Verordnungen insbesondere Franz von Papen, dem er am 11.4.1933 als preußischer Ministerpräsident nachfolgte. Wenige Wochen später löste Göring das Geheime Staatspolizeiamt (bis 1936: Gestapa, danach bürgerte sich Gestapo ein) aus der preußischen Polizeistruktur heraus. Ob Felix von Papen diese organisatorischen Veränderungen wahrnehmen konnte, lässt sich nicht sagen. Er fand es jedenfalls bemerkenswert, wie er bei seiner erneuten Verhaftung von Angehörigen der, wie er betonte, „Feld-"[50] oder auch Schutz-Polizei behandelt wurde. Mehrmals betont er in auffälliger Weise die Rolle angeblicher Schutzpolizisten.

Über die Herrschaft der SA über Lager und Häftlinge war die Weltöffentlichkeit durch den Bericht des ehemaligen sozialdemokratischen Reichstagsabgeordneten Gerhart Seger informiert worden. Seger war zunächst in „Schutzhaft" genommen und am 14. Juni 1933 aus dem Gefängnis Dessau in das KZ Oranienburg eingewiesen worden. Im Dezember 1933 gelang ihm die Flucht in die Tschechoslowakei, wo

---

[48] Johannes Tuchel, Konzentrationslager. Organisationsgeschichte und Funktion der „Inspektion der Konzentrationslager" 1934–1938, Boppard am Rhein 1991.

[49] Günter Morsch, Konzentrationslager Oranienburg. Berlin 1994.

[50] Papen, S. 27 – dass er vermutet, dass diese als „Unterorgan" der Gestapo bezeichnete Feldpolizei vor allem gegen „meuternde Parteigenossen" zum Einsatz kam, könnte ein Hinweis auf den Sicherheitsdienst (SD) sein und den Rückschluss nahelegen, dass Felix von Papen das Opfer einer innerparteilichen Racheaktion geworden war.

bereits 1934 seine Schilderung der Haft und des Terrors, versehen mit einem Vorwort von Heinrich Mann, erscheinen konnte.[51]

Im Zuge der Auflösung des Oranienburger Lagers und seiner Nebenlager wurden Häftlinge in das KZ Lichtenburg verlegt. In der Öffentlichkeit bekannt wurde das Konzentrationslager Dachau, dessen Lagerordnung dann auch für andere Konzentrationslager galt. Im Sommer 1934 war Felix von Papen in das KZ Lichtenberg verlegt worden. Dort begegnete er auch Eicke, der am 26. Juni 1933 zum Kommandanten des KZ Dachau ernannt worden war.[52] Er charakterisierte ihn als „unberechenbaren Sadisten"[53] und bezeichnete ihn als Beteiligten an der Mordaktion vom 30.6./1.7.1934. Er ließ sich von Eickes Freude über seine Beförderung zum SS-Gruppenführer nicht täuschen: „Der wahre Charakter des Chefs aller Konzentrationslager ist ein anderer. Eicke findet die größte erotische Genugtuung beim Zuschauen der Mißhandlungen wehrloser Schutzhäftlinge."[54]

Seit dem Sommer 1936 wurden Häftlingen aus anderen Lagern gezwungen, das für die Hauptstadt zuständige neue KZ Sachsenhausen zu errichten, 1937 folgte der Ausbau des Konzentrationslagers Buchenwald. Beide Lager bestanden bis Kriegsende.[55]

VI.

So zufällig und willkürlich wie seine Verhaftung war die Verlegung Felix von Papens nach Lichtenburg Mitte Juli 1934 und seine schließliche Entlassung wenige Wochen später, für die sich nach seinem Bericht Eicke persönlich eingesetzt hatte.[56] Allerdings hatte auch Papen wahrgenommen, wie begrenzt Eickes Macht war. Er hatte zwar großspurig die baldige Entlassung angekündigt, konnte sie aber selbst nicht unmittelbar durchsetzen. Papen nimmt wahr, wie abhängig selbst sich allmächtig fühlende SS-Leute waren. Dieser Eindruck verstärkte bei Felix von Papen noch einmal das Gefühl des Ausgeliefertseins, seiner Recht- und auch allgemein menschlichen Wertlosigkeit. Nach seiner Haftentlassung vergattert, nicht über die Haftzeit sprechen zu dürfen, verstärkte sich dieses Gefühl des Gelähmtseins noch einmal. Vielleicht vermutete er zutreffend, wenn er andeutete, dass es vielleicht Fürsprecher waren, die seine Verlegung in das Konzentrationslager Lichtenburg veranlasst und zumindest den Eindruck erweckt hatten, dass sein weiteres Schicksal

---

[51] Gerhart Seger, Oranienburg: Erster authentischer Bericht eines aus dem Konzentrationslager Geflüchteten, Karlsbad 1934. Übersetzung: A Nation Terrorized, Chicago 1935.

[52] Niels Weise, Eicke: eine SS-Karriere zwischen Nervenklinik, KZ-System und Waffen-SS, Paderborn 2013.

[53] Papen, S. 22.

[54] Ebda., vgl. allgemein Wolfgang Sofsky, Die Ordnung des Terrors: Das Konzentrationslager, Frankfurt am Main 1993.

[55] Karin Orth, Das System der nationalsozialistischen Konzentrationslager. Eine politische Organisationsgeschichte, Hamburg 1999, Nikolaus Wachsmann, KL: Die Geschichte der nationalsozialistischen Konzentrationslager, München 2016.

[56] Papen, S. 23 f.

dem Regime nicht ganz gleichgültig war. Vielleicht war es auch nur seine subjektive Wahrnehmung, denn die Verlegung aller Oranienburger Häftlinge nach Lichtenburg erfolgte mit dreizehn Lastwagen und hatte insoweit alle Insassen betroffen.[57] Vielleicht täuschte sich von Papen nicht, wenn er empfand, dass die Wachleute in Lichtenburg ihm gegenüber zurückhaltender agierten als in den Monaten zuvor.

Nach seiner Entlassung stand er weiterhin unter Polizeikontrolle, wurde nach kurzer Zeit erneut verhaftet, vermutlich, da er sich über seine Haftzeit Dritten gegenüber geäußert hatte. Er wurde nach wenigen Tagen erneut entlassen, lebte für kurze Zeit in Berlin-Kladow, fühlte sich aber beobachtet und unsicher.[58] Dieser Druck, der weiterhin vom System ausging, erklärt auch, dass er das eigentlich einschneidende Ereignis des Jahres 1934, seine Heirat, in seinem Bericht nicht erwähnte. Offenbar wurde er weiter sicherheitspolizeilich beobachtet, nicht zuletzt, weil er Kontakt zu ehemaligen Häftlingen hielt und von ihnen besucht wurde.

Dieses Gefühl der Kontrolle machte eine durch das Regime erzeugte und immer wieder neu ins Bewusstsein gebrachte verunsichernde, weil als bedrohlich empfundene Ambivalenz deutlich, die einerseits dazu führte, dass Felix von Papen die bei seiner Entlassung von der Polizei verhängten Auflagen einhielt, zugleich aber auch bestrebt war, sie zu unterlaufen. Felix schwieg offenbar auch weiterhin nicht völlig. Er wurde so erneut inhaftiert, verwarnt, wieder vergattert. Anfang Februar 1936 erneut aus der Haft entlassen, verließ er Berlin und nahm im Februar 1936 eine Wohnung in München.[59] Diese Wahl erwies sich als falsch. Denn Papen fühlte sich dort fremd, weil er die „Hauptstadt der Bewegung" stark durch die NSDAP geprägt fand. Zugleich aber begab er sich, vielleicht sogar absichtlich, in neue Gefahr, denn München war nicht nur ein Zentrum der NSDAP, sondern ein Zentrum des konservativ-monarchistischen Widerstands, der sich um den bayerischen Kronprinzen Rupprecht gruppierte[60], der 1939 in das italienische Exil ausgewichen war.

Wieder in Freiheit, ließ ihn die Erinnerung an seine Misshandlungen und seine willkürliche Verhaftung trotz seiner Schweigeverpflichtung nicht ruhen. Offensichtlich verfügte er über eine bemerkenswerte Resilienz, die sich nicht nur in der Haft selbst zeigte, sondern auch nachwirkte. Er erinnerte sich an sein sich selbst gegebenes Versprechen, die erfahrene Gewalt öffentlich zu machen. Die Verhaftung von Menschen konnte er aus der Bereitschaft der Bevölkerung erklären, den keineswegs verheimlichten, sondern den vom Regime in Zeitungsmeldungen und Illustriertenberichten öffentlich bekanntgemachten Eingriff in die Freiheitsrechte hinzunehmen. Er wollte ein Zeichen setzen und so diesem Eindruck akzeptierten Unrechts und gerechtfertigter Willkür entgegentreten. Zunächst beherrschte ihn der

---

[57] Papen, S. 22.
[58] Papen, S. 35.
[59] Ebda.
[60] Dieter J. Weiß, Kronprinz Rupprecht von Bayern (1869–1955). Eine politische Biografie, Regensburg 2007.

Gedanke, eine Eingabe an Hitler selbst zu adressieren. Dies war ein mehr als kühner Schritt, vom „Führer und Reichskanzler" persönlich Klarheit zu verlangen.[61]

Felix von Papen forderte erstaunlich furchtlos Hitler dessen Eingeständnis ab, ihn unrechtmäßig zerniert zu haben. Offensichtlich war sein Oppositionsgeist so wenig wie sein Wille gebrochen, sich gegen Zumutungen einer Akzeptierung der Übergriffe, der Schläge und der Demütigungen zu behaupten. Der abschlägige Bescheid führte nicht in die Resignation, sondern weckte neue Kräfte der Selbstbehauptung. Die Verarbeitung des erlittenen ehrabschneidenden Unrechts schlug sich in einem Manuskript über seine Hafterlebnisse nieder, das er insgeheim begonnen hatte. Ob sein Bericht in der Schweiz oder in den Niederlanden verfasst worden war, ist nicht zu klären. Sicher aber ist: Er stellt nicht nur ein Zeugnis moralischer Selbstbehauptung dar, sondern auch einer sich selbst gefährdenden und schonungslosen Zivilcourage, die nicht zu zügeln war. Ob Papens Schreiben Hitler jemals erreicht hat, bleibt ungeklärt, ist aber nicht wahrscheinlich. Im Grunde bleibt es aus heutiger Kenntnis der Struktur der Kanzlei Hitlers geradezu phantastisch, ihn zu einem Eingeständnis unrechtmäßigen Verhaltens und zu einer Entschuldigung für Übergriffe in den beiden Konzentrationslagern zu veranlassen, die Papen durchlitten hatte. Papen exemplifiziert so eine Haltung, die durch Erlebnisse initiiert wurde, die ihn veranlassten, genau hinzusehen und sich zu empören und dann anschließend konsequent zu handeln, ohne sich über die Folgen des Tuns im Unklaren zu sein oder gar das weitere Schicksal zu beklagen.

Seine Unrechtserfahrung saß offensichtlich so tief, dass er weiterhin fixiert blieb auf das Eingeständnis der Regimevertreter ihres unrechtmäßigen, willkürlichen Tuns. Damit waren zugleich weitere Weichen seines Schicksals gestellt. Deutschland war für ihn nun ein Ort, den er verlassen wollte. Er hätte dies auch im Zuge eines illegalen Grenzübertritts machen können. Zwar konnte Felix von Papen im Januar 1938 ohne Probleme, ausgestattet mit einem Reisepass, Deutschland verlassen. Zur Ruhe aber kam er nicht. Er fand eine Wohnung mit seiner Frau und seiner ältesten Tochter in Amsterdam. In den Niederlanden lebte er einige Jahre mit seiner Frau und seinen drei Kindern Liselotte (*1936), Gaudens (*1939 Amsterdam) und Beatrix Victoria (*1941 Amsterdam). Mit den Bomben auf Rotterdam am 14. Mai 1940 und nach der Invasion der deutschen Wehrmacht, die nach wenigen Tagen mit der Kapitulation der niederländischen Streitkräfte und der Flucht der Königsfamilie in das britische Exil endete, begann eine neue Lebensphase und Verfolgungserfahrung.

Felix lebte offensichtlich gleichsam im Untergrund bis zu seiner erneuten Verhaftung im Februar 1942, hielt sich bedeckt, fühlte sich gefährdet, durch Verrat bedroht. Das hatte seinen Grund. In den Niederlanden hatten sich wichtige Exil-Verlage als Multiplikatoren einer Auseinandersetzung mit dem NS-Regime etabliert. Führend als Verleger von Exil-Literatur war bis 1940 der Verlag des Niederländers Emanuel Querido, der 1943 in Treblinka ermordet wurde. Der Verlag wurde sofort im Juni besetzt, weniger, um die Literatur zu beschlagnahmen, sondern vor allem, weil

---

[61] Papen, S. 38 ff.

die Gestapo die Kontakte zu Regimegegnern ermitteln und das Netz des Exils zerstören wollte.

Papen hatte diesen Verlag aber nicht bemüht, sondern seinen Bericht auf eigene Verantwortung in der Druckerei von G. J. Thieme in Nijmwegen drucken lassen, der auch für Querido arbeitete.[62] Dennoch fand das bereits im Jahr seiner Übersiedlung publizierte Felix von Papen „Ein von Papen spricht..."[63] große Aufmerksamkeit, vermutlich auch, weil sich sein Buch unterschied von anderen Abrechnungen mit dem Regime wie von ehemaligen Gefolgsleuten Hitlers wie Otto Strasser[64], Fritz von Thyssen[65] und Rauschning[66], von ehemaligen Sozialdemokraten wie Friedrich Stampfer und Otto Braun – die Schilderung der Lagerhölle durch einen bürgerlichen Verfolgten faszinierte und überzeugte. Der Verlust der deutschen Staatsbürgerschaft 1938 und die damit verbundene schmähliche Ausbürgerung waren die Folge.

Der mit gut 80 Seiten Umfang sehr knappe Bericht erregte Aufmerksamkeit, denn er war bemerkenswert, weil hier kein Kommunist, kein Sozialdemokrat, kein verfolgter ehemaliger Gegner des NS-Staates sein Bekenntnis gegen den totalen nationalsozialistischen Staat ablegte, sondern ein Mensch, der von seiner Herkunft in linken Kreisen eher als ein Unterstützer, zumindest als ein Mitläufer des Regimes eingeschätzt wurde und dem alten, nichtpreußischen Adel angehörte. Die politische Bedeutung dieses Textes erkannte besonders früh Willi Münzenberg, der vor 1933 die kommunistische Presse im westlichen Exil sehr effektiv organisiert hatte, allerdings den stalinistischen Kurs der KPD mit ihrer „Generallinie" sehr kritisch sah und deshalb von den Kommunisten Moskauer Richtung des Trotzkismus beschuldigt und bekämpft wurde. Mit Sicherheit hatte Münzenberg auch ein Gespür für die Bedeutung des Namens und für dessen Bekanntheit. Er konnte somit den Aufmerksamkeitswert und die Attraktivität des Namens „von Papen" nutzen, zumal er nicht nur in Deutschland bekannt war.

Im Mai 1940 wurden die Niederlande besetzt. Die spätere Königin Juliana, Tochter von Königin Wilhelmina, floh gemeinsam mit ihrer Mutter und der nie-

---

[62] Jansen, Inleiding, S. 21.

[63] Erstausgabe: Nijmwegen 1938.

[64] Otto Straßer, Die deutsche Bartholomäusnacht, Zürich 1935; ders., Wohin treibt Hitler? Darstellung der Lage und Entwicklung des Hitlersystems in den Jahren 1935 und 1936, Prag 1936, allg. Reinhard Kühnl, Die nationalsozialistische Linke 1925–1930, Meisenheim a. Gl. 1966.

[65] Fritz Thyssen war 1939 in die Schweiz emigriert und vor dort nach Südfrankreich umgezogen, Er wurde vom Regime Pétain verhaftet und 1940 nach Deutschland ausgeliefert. Seine Verfolgungs- und Haftgeschichte ähnelt der von Felix von Papen, denn Fritz von Thyssen, Verfasser des Buches „I paid Hitler", London 1941, wurde in einer Klinik hospitalisiert und im Mai 1943 in das KZ Sachsenhausen, Mitte Februar 1945 ins KZ Buchenwald verlegt, am 3.4. in das Gefängnis Regensburg, von dort in das KZ Dachau verlegt, aber schließlich in Südtirol befreit.

[66] Hermann Rauschning, Die Revolution des Nihilismus. Kulisse und Wirklichkeit im Dritten Reich, Zürich/New York 1938; ders., Gespräche mit Hitler, Zürich/New York 1940.

derländischen Regierung und gemeinsam mit ihrem Mann Prinz Bernhard. Dieser hatte zunächst mit dem Nationalsozialismus sympathisiert. Prinz Bernhard trat 1936 aus der NSDAP aus, unmittelbar vor der Verheiratung mit Juliana. Er entstammte der Mecklenburger Linie des Hauses Lippe und blieb im Londoner Exil, während seine Frau vor allem in Kanada mit ihren Kindern Schutz suchte.

Ob der in den Niederlanden lebende Felix von Papen, der unterzutauchen versuchte, tatsächlich verraten wurde, wie seine Frau vermutete, oder ob er überhaupt schon in das Visier der Besatzungsbehörden und der Parteigänger der NSDAP geraten war, lässt sich vermutlich nicht zweifelsfrei klären.[67] Mit seinem 1938 publizierten Buch hatte er sich als ebenso ungebrochener wie weiterhin entschiedener Gegner des NS-Staates zu erkennen gegeben. Er war vermutlich durch dieses Buch erneut in das Visier der Abwehr und des Sicherheitsdienstes (SD) und damit der Gestapo geraten.

Nach seiner Verhaftung Ende 1941 wurde Felix von Papen in das Konzentrationslager Buchenwald eingewiesen. Damit begann eine erneute Odyssee ohne Ziel, ohne Aussicht auf Entlassung. Er erkrankte vermutlich 1943 nach etwa 18 Monaten der Lagerhaft psychisch schwer an einer Depression und wurde in eine Nervenklinik eingewiesen, die unter der Leitung des Jenaer Psychiaters Berthold Kihn stand. Dieser dem Nationalsozialismus verfallene Arzt war fünfzehn Jahre älter als Felix von Papen, hatte vor 1933 wie dieser konservativen Überzeugungen entwickelt. Er hatte schon 1932 für die „Ausschaltung der Minderwertigen aus der Gesellschaft" plädiert[68] und 1937 Zusammenhänge zwischen neurologischen Erkrankungen und der angeblichen Rassezugehörigkeit konstatiert. Nach 1940 war er in mehreren belegten Fällen als sogenannter Gutachter („Kreuzelschreiber") in Euthanasie-Verfahren involviert und fungierte sogar als Richter eines Erbgesundheitsgerichts.[69]

Seit August 1943 befand sich Felix von Papen in psychiatrischer Behandlung von Kihn in der Jenaer psychiatrischen Universitätsklinik. Sein Schicksal entzieht sich völlig der genauen Kenntnis. Lediglich die Universitätsklinik Jena ist als sein Sterbeort bekannt. Denn bis zuletzt funktionierten offensichtlich die Standesämter. Als sein Sterbedatum wird der 7.4.1945 verzeichnet. Aber auch der 8. April wird zuweilen genannt. Fest steht, dass Felix von Papen selbst als „Patient" der psychiatrischen Universitätsklinik Jena weiterhin als Häftling des Lagers Buchenwald geführt wurde.[70] Die Todesursache und die Umstände seines Sterbens sind nicht bekannt; am 1.6.1948, drei Jahre nach dem Krieg, meldete sich Nikolais Berger, ein

---

[67] Corjo Jansen verweist in diesem Zusammenhang auf ein Tagebuch, das vermutlich auf gemeinsame Erinnerungen der ältesten Tochter und ihrer Mutter zurückgeht. Vgl. die Zitate (wie Anm. 3), S. 22 ff.

[68] Allgemeine Zeitschrift für Psychiatrie 98 (1932), S. 387–404.

[69] Ernst Klee, Das Personenlexikon zum Dritten Reich: Wer war was vor und nach 1945, Frankfurt/M. 2007, S. 308.

[70] https://totenbuch.buchenwald.de/names/details/reset/true/person/38669/ref/recherche/refact/biography (27.8.2023).

Mithäftling, brieflich bei Papens Frau und deutete an, dass Felix vergiftet worden sei. Er hätte eine halbe Stunde früher als üblich sein Essen zu sich nehmen müssen. Die Kranken hätten unmittelbar anschließend wegen eines Fliegeralarms den Keller aufsuchen müssen. Als Veränderung sei auffällig gewesen, dass er kaum noch sprechfähig war. Ein Geistlicher, der ebenfalls im Keller war, stellte den Tod fest und war sich sicher, dass der Verstorbene vergiftet worden sei.

> Flankstadt, den 1. Juni 1948
>
> Sehr geehrte Frau Baronin v. Papen!
>
> Sie werden sicher erstaunt sein, wenn Sie von unbekannter Seite einen Brief erhalten. Ich will gleich vorausschicken, dass ich ein Leidensgenosse Ihres Mannes war. Vor allem bitte ich Sie mich zu entschuldigen, weil ich erst jetzt nach 3 drei Jahren mit meinem Anliegen komme. Immer aber dachte ich, dass Sie schon von irgend einer anderen Seite Nachricht vom Tote Ihres Mannes haben, da ich ja nicht der einzige war, der mit Ihrem Manne in Haft sein musste.
> Nun zur Sache selbst:Ich war mit Herrn v. Papen zusammen in einem einem Zimmer. Der 7. April 1945, wenige Tage vor dem Einmarsch der Alliierten war der verhängnisvolle Tag Ihres Mannes. Es fiel mir auf, dass an diesem Tage Herrn v. Papen das Essen schon eine halbe Stunde früher verabreicht wurd , ich hatte sofort den Gedanken, dass hier etwas nicht in Ordnung war. Meine Vermutung hat sich leider bewahrheitet. Gleich darauf war Fliegeralarm , wir mussten was laufen konnte in den Keller Ihr Mann der sonst immer sich mit mir unterhielt, legte sich gleich nieder. Einem mitinhaftieren Geistlichen (Kaplan Beet) fiel die Veränderung Ihres Mannes auch gleich auf. Er fragte mich: ? Warum spricht heute v. Papen nichts, fühlte er sich nicht wohl?" Nein, sagte ich, er hat sich sogar noch vor dem Essen sehr angeregt mit mir unterhalten, wir sprachen noch über Chemische - Formeln und ich staunte wieder über sein grosses Wissen. Der Kaplan fühlte gleich nach dem Puls Ihres Mannes und stellte fest, dass er schon Tot war. " Da haben sie ihn also vergiftet"!schrie er . Auch ich überzeugte mich von seinem Tod und konnte es nicht fassen. Ich war tief erschüttert!
> Wir alle haben Ihres Mann sehr geschätzt, er war ein guter Kamerad , ein vornehmer Mensch, an dem wir alle aufsehen sehen konnten. Sein grosses Wissen auf allen Gebieten, hat mich immer in Erstaunen gesetzt, obwohl er auch erst 35 Jahre alt war. Ich bin ihm immer dakbar, für all das was ich durch ihn gelernt habe.

> In unserer nächsten Umgebung waren noch folgende Männer, vielleicht haben Sie schon durch irgend einem dieser In-Mitinhaftierten Nachricht erhalten. Die Namen waren Kaplan Best, Zahnarzt Drews ein xxxxxx Bankrat und ein Holländer, van Leg, nicht vergessen möchte Herr Thomas aus Jena, welcher vor seiner Inhaftierung beim Dietrichs- Verlag in Jena beschäftigt war.
>
> Von Ihrem Mann erhielt ich noch 5 Tage vor seinem Tode Ihre Adresse. Er sagte zu mir:" Solltest Du wieder frei werden gehe bitte zu meiner Frau und sprich mit ihr. " Also ahnte er schon,dass er sterben musste
>
> Die letzten Schriftzüge Ihres Mannes möchte ich Ihnen gerne persönlich überbringen, bitte teilen Sie mir mit,zu welchem Zeitpunkt Sie mich empfangen können .
>
> Meine Anschrift ist: Nikolaus Berger Flankstadt bei Mannheim Hildastr. 47
>
> Unbekannterweise erlaubt sich Sie zu grüssen
>
> Ihr ergebener

Felix von Papen hatte unmittelbar vor der Befreiung des Lagers Buchenwald, das vier Tage später von amerikanischen Truppen befreit wurde, am 7. April 1945 vermutlich in Jena sein Leben verloren. Jena wurde am 12. und 13. April erreicht. Wegen dieser Zeitdifferenz ist es nicht unwahrscheinlich, dass er in der Klinik getötet wurde oder sein Tod durch eine systematische Vernachlässigung und Unterversorgung herbeigeführt wurde. War es ein Trost für die hinterbliebenen Angehörigen, wenn Berger Mathilde von Papen versicherte, noch fünf Tage vor seinem Ableben hätte ihm Felix das Versprechen abgenommen, zu seiner Frau zu gehen und mit ihr zu sprechen? Nichts spricht gegen die Authentizität der Sterbensnachricht, denn Berger nennt die Namen von mehreren Leidensgenossen.

VII.

Im Folgenden soll der Bericht interpretiert werden. Denn er ist wegen seiner Relevanz für die Wahrnehmungsgeschichte eines Häftlings bedeutsam und interpretationsbedürftig. Mehrfach verschieben sich Zeitebenen, fügt Felix von Papen Gedanken, spätere Ereignisse ein. Gerade diese Besonderheiten machen den Bericht zu einer authentischen, ungeschönten, nicht nachträglich stilisierten Quelle.[71]

Nicht nur Felix von Papen konnte sich die Gründe seiner nicht nur als unrechtmäßig empfundenen, sondern willkürlichen Verhaftung nicht erklären. Vielleicht lag ein Irrtum vor? Dass es sich nicht um einen Irrtum, einen Verfolgungsfehler handelte, wurde durch die Dauer der Haft bestätigt. Die Torturen zeigten, dass es sich um den Ausdruck von Rache, von Sadismus, von Neid und Verachtung handeln konnte, wie wir sie gerade in den ersten Monaten nach der nationalsozialistischen „Machtergreifung" in den brandenburgischen Lagern der SA finden.[72] Schon gar nicht konnte er sich vorstellen, dass für ihn am Nikolaustag 1933 eine lange Odyssee begann, die durch Qualen und Verzweiflung bestimmt war und ihn durch frühe Konzentrationslager und Gefängnisse führte, eher er für einige Jahre Sicherheit im niederländischen Exil suchen konnte. Es war ein langer Weg, der vor ihm lag. Haft bedeutete damals, gleichsam ohne Zeit und Raum, vor allem ohne Ziel zu leben. Umso wichtiger war es, diesem Zeitraum eine zeitliche Struktur zu geben, ihn zu gliedern. Das bedeutete nicht, dass mit der Zeit die seelischen Verletzungen heilten und vergessen waren, sondern es ermöglichte die Fixierung des Erlebten unter gleichzeitiger Abkapselung von dem Familienleben, das sich Felix mit seiner Frau schuf. Die schriftliche Bewahrung seiner höchstpersönlichen Erinnerung an seine Verfolgungszeit machte deutlich: Er konnte nicht vergessen, was er an Willkür und Unrecht erlebt hatte. Er bewies die Kraft, sich mit seiner Vergangenheit auseinanderzusetzen und schuf so möglicherweise die Voraussetzung für die Selbstbehauptung nach 1942.

Viele Häftlinge, die aus den Lagern entlassen wurden, wurden mundtot gemacht. Sie standen unter dem Druck des gebotenen Verschweigens, empfanden dieses auferlegte Schweigen als eine neue Demütigung und Vergewaltigung ihrer Seele. Felix von Papen aber konnte nicht schweigen, und er wollte es auch nicht. Er wollte das NS-Regime als Unrechtsstaat brandmarken, die Terrorisierung des Einzelnen,

---

[71] Stefan Jordan, s.v. Quelle, Dokument, Urkunde, in: Martin Sabrow/Achim Sauper (Hg.), Handbuch der Authentizität, Göttingen 2022, S. 375 ff.; Martin Sabrow, s.v. Zeitzeuge, ebda., S. 553 ff.; Antonius Weixler, s.v. Erzählen, Text, in: ebda. S. 136 ff.

[72] Andreas Pupkes, ‚Wie es in Börnicke zugegangen ist, weiß ja jeder Nauener': Das frühe Konzentrationslager Börnicke im Osthavelland, Berlin 2023.

die Beraubung seiner Würde[73] öffentlich machen. Im Exil erschien 1938 unmittelbar nach seiner Flucht aus Deutschland sein Erlebnisbericht. Er war mit großer Sicherheit bereits in Deutschland niedergeschrieben worden und ergänzte das Bild, das man sich unter dem Eindruck anderer Erlebnisberichte[74] der entlassenen Häftlinge vom NS-Staat machte.

Der Titel war gut gewählt, denn der Namen von Papen war bekannt. Sein Bericht wurde sofort rezipiert. Er lässt sich vergleichen mit den Erinnerungen, die Sebastian Haffner[75] oder der Sohn des Verfassungsrechtlers Hugo Preuß im Londoner Exil verfassten.[76] Die sichere Zeit im niederländischen Exil währte nur kurz. Nach der Besetzung der Niederlande durch deutsche Truppen wurde Felix von Papen erneut verhaftet. Dennoch gehört er zu den weitgehend vergessenen Gegnern des NS-Regimes. Das mag an seiner Herkunft, an seiner Lebensgeschichte vor 1933 und an seinem Namen liegen. Seine politische Biografie vor seiner Inhaftierung weist viele Wege und Irrwege auf, welche nicht nur die erste Hälfte des 20. Jahrhundert charakterisierten, sondern auch viele der Protagonisten, die durch ihre Erfahrungen mit dem NS-Staat Positionen überwanden, die sie ursprünglich einmal partiell mit den Nationalsozialisten geteilt hatten. Die Erinnerungen machen diesen Prozess der Ablösung von deutschnationalen Wertvorstellungen deutlich – ein Ergebnis der Gewalterfahrung, der Felix von Papen bis an die Grenze des Erträglichen ausgesetzt war.

Das 20. Jahrhundert wird in Anlehnung an Eric Hobsbawm oft als „Jahrhundert der Extreme" bezeichnet. Damit wird eine Kontinuität betont, zugleich aber vernachlässigt, dass die deutsche Geschichte durch vielfältige Umbrüche geprägt war, die immer wieder neue Orientierungen verlangten, neue Wertvorstellungen zeitigten, ständige Veränderungen der politische Ziele nach sich zogen. Jacob Burckhardt hatte in seinem Werk „Weltgeschichtliche Betrachtungen", welches posthum erschien, angedeutet, zuweilen sei der Mensch seiner Zeit ähnlicher als seinem Vater. Felix von Papen war dieser Zeit weniger ähnlich, als er der zeitspezifischen Willkür ausgeliefert war, die das 20. Jahrhundert als ein Jahrhundert der Bürgerkriege scheinen lässt. Dass sich Wertvorstellungen, Erwartungen und politische Zielvorstellungen verändern, prägt die geschichtlichen Entwicklungen im Zeitalter der Weltanschauungen, der vielen -ismen, die sich in Gegner- und Feindschaften steigern können. Felix von Papen war diesem Jahrhundert ebenso ausgesetzt wie ausgeliefert. Seine Jugenderinnerungen waren durch den Krieg, die deutsche Niederlage und die Novemberrevolution geprägt. Ende der Weimarer Republik war er gerade volljährig

---

[73] Dazu jetzt Habbo Knoch, Im Namen der Würde: Eine deutsche Geschichte, München 2023.

[74] Besonders bekannt sind Berichte von Levi, aber auch die romanhaft-literarische Verarbeitung der Haft durch Valentin Schwan, Bis auf weiteres, Göttingen 2023.

[75] Sebastian Haffner, Germany. Jekyll and Hyde, London 1940, deutsche Übersetzung: Jekyll & Hyde: Deutschland von Innen betrachtet, Berlin 1996; ders., Die Geschichte eines Deutschen: Die Erinnerungen 1914–1933, Stuttgart/München 2000 (bereits 1939 verfasst).

[76] Ernst Gustav Preuß, The Canker of Germany, 1940, Taschenbuch 2021.

geworden und hatte sich in einer Zeit zu orientieren, die Karl Dietrich Bracher als „Inferno der Wahlkämpfe" schilderte.

Seit 1930 hatte die NSDAP großen Zulauf. Hatte die Partei Hitlers 1928 etwa 2,6 % der Stimmen auf sich vereinigt, so war 1930 der Stimmanteil sprunghaft auf 18,3 % gestiegen, im Juli 1932 dann weit über 37 % angewachsen, um anschließend bei einer hohen Wahlbeteiligung bei etwa 33 % zu verharren. Dieser Anstieg ging mit einer Erosion der Stimmanteile der Weimarer Parteien mit Ausnahme der KPD einher, die am Ende mehr als 15 % der Wählerstimmen bekam. In dieser Phase der Unsicherheit standen Heranwachsende vor politischen Entscheidungen. Die SPD erzielte im März 1933 zwar noch einmal 18 %, entscheidend aber war, dass die bürgerlichen und konservativen Parteien als verbraucht galten. Lediglich das katholische Zentrum gründete in festgefügten Milieus und erreichte mehr als 10 % der Stimmen. Dies erklärt, weshalb sich viele der Jungwähler für die politische Rechte entschieden, sich, wie Felix von Papen, der SA anschlossen, weil sie an die Synthese von Nationalismus und Sozialismus glaubten, weil sie die politischen Eliten für unfähig, korrupt und interessengeleitet hielten, weil sie sich zu bündischen Traditionen bekannten und überzeugt waren, dass Jüngere die Verhältnisse gestalten sollten.

Dies kann aber nicht erklären, weshalb Felix von Papen bereits Anfang Dezember 1933 verhaftet wurde. In der damaligen Öffentlichkeit war er, sieht man von seinem Namen ab, nicht bekannt. So scheint er vor allem auf Franz von Papen hinzuweisen, der als einer der Steigbügelhalter Hitlers gilt. Als Minister im Kabinett Hugenberg-Hitler hatte er sich zugetraut, die NSDAP zu zähmen, gleichsam „einzuhegen", also Hitler nicht nur einzurahmen, sondern an die Wand zu drücken, „bis er quiekt". Da wir die Gründe von Felix von Papens Verhaftung nicht kennen und er sie auch nicht übermittelt hat, sind wir auf Vermutungen angewiesen, die aufgrund der zeitlichen Koinzidenz auf die gegen Röhm und die SA-Führung gerichtete Mordaktion vom 30. Juni 1934 verweisen. Allerdings wurde er ein halbes Jahr vor der Marburger Rede inhaftiert, kann also nicht stellvertretend zerniert worden sein. Auch der Zusammenhang mit der Ausschaltung Röhms ist nicht anzunehmen, denn diese Mordaktion erfolgte etwa zwei Wochen nach Papens Rede, die durchaus als Warnung vor einer Fortsetzung der „nationalsozialistischen Revolution" verstanden werden konnte.

So bleibt eigentlich nur die Vermutung, dass im Zusammenhang mit Felix von Papens Inhaftierung die Entlassung aus der Haft wenige Wochen nach beiden Ereignissen gesehen werden könnte. Aber sicher ist auch das nicht. Die Ausschaltung der SA als Machtfaktor Ende Juni 1934/Anfang Juli 1934 wird oft als Folge der öffentlich wirksamen, demonstrativen Beendigung der nationalsozialistischen Revolution und der Herstellung einer nationalsozialistischen Herrschaft gedeutet, die Machtexzesse beenden und die Reputation der neuen Herren vor allem im Bürgertum, gegenüber der Reichswehr und den einflussreichen Wirtschaftskreisen demonstrieren sollte. Unter dieser Perspektive ließe sich die Marburger Rede einordnen, die Franz von Papen am 17. Juni 1934 in der Aula der Marburger Universität hielt. Hitler fühlte sich nicht nur durch die Forderungen der SA und des linken Flügels der NSDAP herausgefordert, sondern stand auch unter dem Druck der Konservativen, der Bürgerlichen und der Reichswehr, die Forderung einer Fortsetzung der nationalsozialistischen „Revolution" abzuwehren.

Diese Marburger Rede, die bis heute der Forschung Rätsel aufgibt, hatte Folgen für Felix von Papen.[77] Papen hielt die Rede am 17. 6. 1934, einem Sonntag. An einem Samstag hatte Felix von Papen unter 30 Duschköpfen, aus denen kaltes Wasser kam, eine knappe halbe Stunde hin und herlaufen müssen, hatte sich völlig ausgekühlt und sei erschöpft auf die Pritsche gesunken, bis er von Hans Stahlkopf mit den Worten geweckt und durch Freiübungen drangsaliert, geschlagen und mit den verhöhnt worden sei: „Dein Verwandter, das Schwein, hat uns stürzen wollen, seine Rede in Marburg sollte das Signal zum Losschlagen sein. Er hat sich geirrt." Felix hatte offensichtlich an der Stelle von Franz von Papen zu leiden und hörte Stahlknecht sagen: „Diesen Kerl können wir nicht kriegen, dafür sollst du die Wucht bekommen."

VIII.

Die Hinweise auf Übergriffe, auf Terrorisierung des Andersdenken, auf Drohungen fielen durch Entschiedenheit und Konkretion auf. Sie hatten möglicherweise einen konkreten Hintergrund, werden zumindest aber nachträglich durch die Erinnerungen an die Haft Felix von Papens bestätigt. Zunächst scheint es, wie die Vorbemerkung zeigt, ihm gar nicht um die Leidensgeschichte, sondern um eine exemplarische Warnung zu gehen, um eine Auseinandersetzung mit der nationalsozialistischen „Parteiwirtschaft", um die Bemühung, im Ausland für ein anderes Deutschlandbild zu wirken, aber auch, die angeblichen Erfolge der Nationalsozialisten durch die Minderung der Arbeitslosigkeit zu relativieren. Felix von Papen versteht seinen Bericht als Warnung vor den Illusionen, die im krisenhaften Europa in den Methoden der Nationalsozialisten „das Heil der Welt" erblicken.

Mit seiner Verhaftung wurde Felix von Papen das Gefühl vermittelt, kein „vollwertiger Mensch" zu sein und nicht als „Volksgenosse im Sinne des Systems" zu gelten. Er war nun der Willkür „grinsender Kerle" ausgeliefert, die er als „Sadisten" bezeichnete und die „ihre erotischen Verirrungen hemmungslos abzureagieren wussten". Folter artet oft in sexuelle Übergriffe aus, die Häftlinge über sich ergehen lassen müssen und die oft nicht als anstößig wirken, weil sie im Rahmen von Folterungen stattfanden, also sadistisch verbrämt werden konnten. Dürftig und schlecht ernährt, von Nachrichten abgeschnitten, ständig beschimpft gingen die Tage dahin. Es war ein Leben ohne Zeit und Raum, strukturiert durch Prügelszenen und Schreie der Misshandelten. Der Terror sollten destruieren, zermürben: „Jedes Nervensystem musste ... unbedingt zerrüttet werden."[78], vor allem, wenn Proteste eines Häftlings bewiesen, dass er um seine Würde kämpfte. Die Reaktion bestand in einer Bestra-

---

[77] Papen, S. 16.
[78] Papen, S. 11.

fung, die von Papen fällte. Er schien noch nach Jahren nicht in der Lage zu sein, seinen damaligen Gefühlen Ausdruck zu geben.

Die Erinnerungen verweben unmittelbar Erlebtes mit Gehörten und Gedeutetem. So berichtete er von einem SS-Mann, der es als „furchtbare" Erfahrung bezeichnete, „anständige deutsche Männer schlagen zu müssen", zugleich aber um die Vermittlung einer Neuanstellung zu bitten.[79] Auch die Hinweise auf die Korruption von SA-Leuten oder Trinkgelage konnte er nur auf Gerüchte stützen.[80] Vor seiner Überführung in das KZ Oranienburg wurde er „durch Boxhiebe" gezwungen, für die „Winterhilfe" zu spenden; an diese Tatsache schloss sich seine Vermutung an, damit würden Trinkgelage finanziert. In Oranienburg wurde an ihm ein Prügelritual vollzogen. Zur Entwürdigung gesellte sich nun die Scham, „all dies eingesteckt zu haben". Er entschuldigte sich damit „meist ... so fertig" gewesen zu sein, dass die Kraft zum „Aufbäumen" erloschen war. So blieb nur die nachträgliche Scham, würde er doch „nie in seinem Leben völlig darüber hinkommen". Er hätte sich wehren müssen, obwohl er sicher war, „beim geringsten Widerstand wie einen Hund über den Haufen"[81] geschossen zu werden.

In Oranienburg stellte der SA-Sturm 208 die Wachmannschaft. Felix wurde zunächst der „Vernehmungsabteilung" ausgeliefert und so das Opfer eines Racheaktes des Stellvertreters des Lagerkommandanten Werner Schäfer, der ein „Anti-Braunbuch" verfasste, um die in die Weltöffentlichkeit gelangten Nachrichten über Misshandlungen zu widerlegen.

Die sogenannten Vernehmungen führte der SA-Mann Hans Stahlkopf durch, der sich bereits in den 20er Jahren der damaligen „Hitlerbewegung" – der Deutschen Freiheitspartei – angeschlossen hatte und der NSDAP 1930 beigetreten war. Sein „Prügelposten"[82] gab ihm die Möglichkeit für brutale Misshandlungen. Perfide machte er andere Häftlinge zu Mittätern.[83] Sie wurden angewiesen, Felix von Papen, der Abfälle im Lagegelände aufsammeln musste, zu kontrollieren. Dabei „brüllten (sie) ihn genau so an wie die SA- und SS-Leute".

Durch Leiderfahrungen erwuchs also, wie Papen erfuhr, nicht immer Solidarität: „Todmüde fiel ich auf mein Lager und sah nicht mitleidige, sondern bis auf wenige Ausnahmen schadenfrohe Gesichter." Es war eine weitere tief verstörende Erfahrung: „Selbst getreten und geschunden, empfindet (der Mensch) Genugtuung, wenn ein anderer gequält wird und er zusehen darf." Aufgeputscht seien die kommunistischen Mithäftlinge gegen ihn gewesen: „Ich war der ‚Herr Baron', der feine Pinkel,

---

[79] Ebda., S. 12.

[80] Vgl. Papen, S. 18, zu Hörnig, dem Kommandanten des KZ-Oranienburg seit März 1934 und S. 18 f. zu Wilhelm Kube, Gauleiter von Brandenburg, der 1936 wegen Korruption seine Staats- und Parteiämter verlor und später von Himmler rehabilitiert wurde. 1941 wurde Generalkommissar in Weißruthenien und amtierte in Minsk.

[81] Papen, S. 13.

[82] Ebda.

[83] Ebda.

der Verwandte des berühmten Mannes"... eine erste Anspielung auf Franz von Papen, damals noch Vizekanzler im Kabinett Hitler-Papen.

Diese Erfahrung der Ablehnung durch kommunistische Mitgefangene veranlasste von Papen zu Überlegungen, die von der Beobachtung ausgingen, „dass zwischen den gefangenen Kommunisten und der SA, trotz aller scharfen Gegensätze, eine innere Verwandtschaft bestand", die vor allem dann spürbar wurde, „wenn es galt, einen ‚Klassenfeind' zu schikanieren". Die Einstellung änderte sich nach einer Tortur, die ihn hilflos machte. Nun wurde er von Kommunisten „anständig" gepflegt und betreut[84]. Er war überzeugt, dass ehemals führende Kommunisten „Vertrauensposten" im NS-Staat bekleideten.[85] Seine Überzeugung von einer „Gemeinsamkeit von Nationalsozialismus und Kommunismus" schien ihm evident. Sie beruhte zugleich auf Gerüchten, die Häftlingsgesellschaften prägten. Das wird an den Bemerkungen über Werner Hirsch deutlich, dem Felix von Papen unterstellte, seine mit Emmi Göring befreundete Mutter hätte sich für die Entlassung von Hirsch aus der KZ-Haft verwendet und seine legale „Ausreise" in die Sowjetunion durchgesetzt.

Die Passage des Papen-Berichts über Werner Hirsch[86] macht deutlich, in welchem Maße Zeitzeugenberichte von Häftlingen auf Vermutungen oder nachträgliche Zeitungslektüre[87] angewiesen waren, wie Gerüchte kombiniert wurden. Auch dies ist keine Seltenheit, wie Niemöllers Äußerungen über Johann Georg Elser zeigten, den er zum Schmerz von Elsers Mutter einen von der SS privilegierten Häftling bezeichnet hatte und sich auch später nicht korrigierte. Die Entlassung von Hirsch, der nicht nur Redakteur der „Roten Fahne", sondern auch enger Mitarbeiter von Ernst Thälmann gewesen war, hatte immer wieder Vermutungen genährt, er sei in der Haftzeit als Überläufer gewonnen worden.[88] Dabei machte dessen brutale Folterung nur deutlich, dass Erkenntnisse immer wieder aus Häftlingen herausgeprügelt werden sollten.[89]

Nicht verifizieren lassen sich die Gerüchte über den angeblichen Diener von Magda Goebbels, der sich ihr verweigert hätte. Auch die Liaison von Edmund Heine, der am 30. Juni 1934 ermordet wurde, und seinem Adjutanten lässt sich nicht

---

[84] Ebda., S. 16.

[85] Papen, S. 14.

[86] Papen, S. 14.

[87] So erwähnte Papen, dass er Informationen im Mai 1938 aus der Basler Nationalzeitung gewonnen hätten, die in seinem Bericht als authentisch zeitursprünglich integriert werden, von der angeblichen Festungshaft des SS-Brigadeführers und Polizeimajors Willi Brandner. Er hätte ihn bei Hans Stahlkopf denunziert. Die angebliche Festungshaft Brandners war ein Gerücht, ein Phantasieprodukt, und sollte dazu dienen, die intern führende Nationalsozialisten umtreibende Korruption, die Verdorbenheit der NS-Bewegung zu belegen. Vgl. S. 15.

[88] Werner Hirsch, Hinter Stacheldraht und Gitter: Erlebnisse und Erfahrungen in den Konzentrationslagern und Gefängnissen Hitlerdeutschlands, Zürich 1934.

[89] Reinhard Müller, Der Fall Werner Hirsch: Vom KZ Oranienburg in die Moskauer Lubjanka. Internationale Korrespondenz zur Geschichte der Arbeiterbewegung (IWK), Heft 1/2000, S. 34–61.

überprüfen. Wahrnehmungsverschiebungen prägen Erinnerungen, so auch hier. Vielfach wurden Gerüchte aufgegriffen, durchdacht, in einen logisch erscheinenden Zusammenhang gebracht. Dann wieder brach die Realität ein. Im Zusammenhang mit der Marburger Rede wurde Felix von Papen von seinem Peiniger aufgefordert, seinem Leben selbst ein Ende zu machen. Nachdem er den Hass auf den Adel[90] über sich hatte ergehen lassen, wurde er aufgefordert: „mach Schluß ... raus kommst [du] ja doch nicht mehr."

IX.

Als Zäsur stellt Felix von Papen den „30. Juni 1934" dar.[91] Die Darstellung dieses „Tags des Entsetzens" hat in seiner Wahrnehmung eine Vorgeschichte, die sich vor allem in der Verunsicherung der Wachmannschaften bemerkbar machte. Wahrscheinlich ging sie auf Zuständigkeitskonflikte zurück, beanspruchte doch die Justizverwaltung die Kontrolle der „wilden" Konzentrationslager. Nach der Ausschaltung der SA-Führung um Ernst Röhm wurde das KZ Oranienburg von einer Einheit der Landespolizei besetzt. Die KZ-Leitung wurde ebenso wie die Wachmannschaften entwaffnet.[92] Ob Papen den Zusammenhang des Personalaustausches mit dem Putsch in diesem Augenblick durchschaute, kann bezweifelt werden. Eher schienen Wachleute und Häftlinge[93] von der neuen Situation überfordert zu sein: „Die SA-Leute waren plötzlich unsere Kameraden"[94]. Er vermutete zunächst, dass der seit März 1934 in Oranienburg wirkende KZ-Kommandant Hörnig wegen finanzieller Vergehen abgesetzt worden sei. Tatsächlich ging es wohl um eine überfällige Neuorganisation der KZ-Lager, die Eicke in Dachau betrieb.[95]

Die Beschreibung der Stimmung und der allgemeinen Situation ist nicht zeitursprünglich, sondern reflektiert spätere Überlegungen und Gespräche. Der Bericht nimmt an dieser Stelle Stilelemente auf, die wir auch in anderen bereits erwähnten kritischen Reflexionen – teilweise ehemaliger Anhänger Hitlers wie Thyssen und Rauschning – finden. Sie sind dennoch authentisch, denn sie schildern das damalige Denken Felix von Papens, seine Empfindungen, die Emotionalität seiner Vermutungen.

Der Übergang der Häftlingsverwaltung des Lagers Oranienburg von der SA an die SS änderte wenig an der Misshandlung der Häftlinge. Am 10. Juli 1934 wurde Erich Mühsam, „für jedermann eine achtungsgebietende Erscheinung, wegen seiner inneren Sauberkeit und seiner unbeirrbaren Überzeugungstreue"[96] respektiert – tot

---

[90] Papen, S. 16: „Mit euch adligen Schweinen werden wir schon noch fertig werden".

[91] Papen, S. 19 ff.

[92] Papen S. 20.

[93] So deutet Papen, S. 22, an, dass die Auflösung des Lagers „drohend vor ihm stand".

[94] Papen, S. 20.

[95] Johannes Tuchel, Konzentrationslager: Organisationsgeschichte und Funktion der Inspektion der Konzentrationslager 1934–1938, Boppard 1991.

[96] Papen, S. 21 f.

aufgefunden. Offensichtlich war er getötet, sein Selbstmord fingiert worden. Die Mithäftlinge hatten beobachtet, wie Mühsam auf seinen ihm angekündigten Tod reagierte, als er begann, seine „Habseligkeiten zu verschenken"[97]. Papen empfand diesen Tod zugleich als Bedrohung. „Keiner von uns wird sich erhängen", lautete ein gegenseitig gegebenes Versprechen.

Dennoch schien seine Haft eine andere Wendung nehmen zu können. Als Felix von Papen den Dienstwagen Eickes zu säubern hatte, konnte er einige Worte mit ihm wechseln und für den Fall einer Verlegung seinen Selbstmord als Zeichen des Protestes ankündigen. Eicke, der am 11. Juli 1934 zum Gruppenführer befördert worden war und als Generalinspekteur der Konzentrationslager im Stab Himmlers fungierte, sei mit der Nachricht aus Berlin auf ihn zugetreten, er könne alle Häftlinge entlassen mit der Ausnahme Papens. Angeblich hätte Eicke auf die Niedergeschlagenheit Papens reagiert und versprochen, ihn in das KZ Lichtenburg Prettin nahe Annaberg/Sachsen zu überführen. Die Andeutung erfüllte sich insofern nicht, als praktisch alle Häftlinge, die sich im KZ Oranienburg befanden, am 14. Juli nach Lichtenburg verlegt worden.[98] Die ersten Erfahrungen waren deprimierend, denn die entkräfteten und desorientierten Häftlinge wurden zunächst gehetzt und gejagt, durchsucht, den Zellen zugeordnet. Dabei wurde Felix von Papen die Entlassung innerhalb von 14 Tagen angekündigt.[99] Empört war Papen, dass er nicht mit politischen Gefangenen, sondern mit Kriminellen in einer Zelle war. Edgar Entsberger, der Lagerkommandant von Lichtenburg, kündigte Papen seine Entlassung auf besonderen Befehl Eickes an und erklärte seine Verlegung in eine Zelle mit „Zuchthäuslern" damit, er hätte Papen bewusst machen wollen, dass die neun Monate seiner Haft wenig sein gegenüber den jahrelangen Haftstrafen, die seine Zellengenossen, die ihn überdies sehr korrekt behandelten, vor sich hätten.

Später sah von Papen in dem Verhalten der Wachleute den Versuch, ihm seine „unschuldig erlittene Freiheitsberaubung und Mißhandlungen schmackhaft"[100] zu machen. Im Schloss Lichtenburg war im Sommer 1933 ein Konzentrationslager für männliche Schutzhäftlinge entstanden, in dem am 1.7.1934 die von Eicke entwickelte Lagerordnung gelten sollte. Im Sommer 1933 war die Belegungszahl auf 1000 Häftlinge angelegt, allerdings verdoppelte sich in wenigen Wochen diese Zahl. Nach der Röhm-Affäre wurden etwa 60 verhaftete SA-Leute im KZ-Lichtenburg inhaftiert.

Aufgrund der von Eicke angeblich veranlassten Verlegung erfuhr Papen nun eine neue Seite der Haft. Beschimpfungen waren nun seltener, sogar den Versuch, Brutalitäten zu entschuldigen, nahm er sogar „irgendwie amüsiert" wahr. Er deutete den Umgang mit dem Wachpersonal, ehemaligen hemmungslosen Sadisten, als Ausdruck einer „grotesken Furcht des Knechtes, der fürchtet, in Ungnade fallen zu

---

[97] Ebda.
[98] Papen, S. 22.
[99] Papen, S. 23.
[100] Papen, S. 24.

können", „Angst um das bißchen Posten" hatte und sich vor einem „bequemen und verantwortungslosen Dasein" zu fürchten schien.

Durch die besonderen Umstände seiner Haft in Lichtenburg machte sich Papen Gedanken über die Täter. Er sah in ihnen nun nicht mehr vor allem Sadisten, sondern selbst Getriebene, an denen zuweilen sogar ein mitmenschlicher, entgegenkommender, allerdings nicht uneigennütziger Zug zu erkennen war. Seine Distanz gegenüber denen, die ihre persönliche Macht in Willkür und Exzesse hatten ausarten lassen, schlug sich sogar in einer spöttischen Haltung nieder, wie seine Charakterisierung des SA-Führers Ludolf (Bubi) von Alvensleben zeigte[101], damals Führer der SS Standarte 46, die in Dresden angesiedelt und deshalb auch für Prettin zuständig war. Auch die Botmäßigkeit von Wachleuten unmittelbar nach der Ankündigung seiner Freilassung beeindruckte ihn nicht. Als er an einem salutierenden SS-Mann vorbeikam, konnte er nur zweideutig sagen: „Rührend!".

X.

Felix von Papen war unter Auflage einer Meldepflicht bei der Gestapo nach Berlin entlassen. Ein Befreiungsgefühl stellte sich allerdings nicht ein. Zum einen wurde er sofort nach der Entlassung mit den Fragen von Angehörigen konfrontiert, die sich nach dem Schicksal anderer Häftlinge erkundigten. Zum anderen spürte er, dass die von dem Lagerkommandanten bei der Entlassung angekündigte Rückkehr in die „Volksgemeinschaft"[102] allein wegen seines körperlichen und seelischen Zustands, zum anderen wegen seines Aussehens nicht funktionieren konnte. Er fühlte sich als „Wrack", „halb tot", von Gedankenschatten bedrängt.

Halt bot nur der Gedanke an seine Frau, denn seine Freunde, das ahnte er, würden sich aus „Angst, in den Verdacht zu kommen, staatsfeindlich gesinnt zu sein", von ihm fern halten.[103] Der Entschluss, Deutschland zu verlassen, schien in diesem Moment, als Folge der Einsicht in die Vereinsamung und Isolierung, gefallen zu sein.[104] „Entlassen, um zu sehen, ob Sie auch schweigen können", hatte ihm der Leiter der Polizeidienststelle erklärt. Was aber, wenn das eigene Aussehen ehemaligen Bekannten erklärt werden musste. Erneut denunziert, Gräuelmärchen über Oranienburg verbreitet zu haben, wurde Papen mehrmals, wie bereits beschrieben, verhaftet, ohne dass er genau realisieren konnte, was mit ihm geschah.[105]

Er war nun entschlossen, sich das Leben zu nehmen und öffnete seine Pulsader. Seine „Verzweiflungstat" endete allerdings im Krankenhaus Spandau, wo er durch die Entschlossenheit einer Ärztin vor dem Zugriff der Polizei geschützt werden

---

[101] Ebda.
[102] Ebda.
[103] Papen, S. 26.
[104] Papen, S. 26.
[105] So war er der Ansicht, nicht von der Gestapo, sondern von der Feldpolizei, vermutlich also der Schutzpolizei, verhaftet worden zu sein, die gegen „meuternde Parteigenossen" vorginge.

konnte. Er gab vor, während seiner Fahrt mit dem Polizeiwagen an den Anfang April 1933 in einem Waldstück nahe Zossen entdeckten Leichnam von Jan Erik Hanussen[106] zu denken, der ihm Ende der Weimarer Republik begegnet und als Hellseher bekannt war und im Braunbuch in Zusammenhang mit dem Reichstagsbrand gebracht wurde. Hanussen war bereits Ende März 1933 ermordet, seine Wohnung anschließend durchsucht worden. Sein Schicksal war allerdings im Sommer 1934 nicht so geklärt, dass Papen konkrete Kenntnisse haben konnte.

Hanussen bewegte sich in Kreisen der Halbwelt und galt als Gläubiger des Berliner Polizeipräsidenten Graf Helldorff[107], der, wie Papen berichtete, die NSDAP nur als „Geschäft" betrachtet hätte. Papen stützt sich auch dabei wiederum auf Gerüchte, wenn er Helldorff in Zusammenhänge mit dem Reichstagsbrand brachte und zugleich andeutete, Helldorff hätte erklärt, er würde sich „heute nicht mehr zu dieser Tat überreden lassen". Denn seine Involvierung in den bis heute ungeklärten Brandanschlag wurde nur vermutet. Sie hat sich bis heute nicht bestätigen lassen. Helldorff fungierte als Polizeipräsident von Berlin und war insofern tief verstrickt in die politischen Verbrechen und deren Verschleierung. Er wurde nach dem 20. Juli 1944, also Jahre später, im Zusammenhang mit dem Umsturzversuch vom 20. Juli 1944 verhaftet und vom Volksgerichtshof zum Tode verurteilt. Ohne Zweifel gehörte er wie der Reichskriminaldirektor Nebe, wenngleich als nicht nur eine der schillerndsten Persönlichkeiten im Umkreis des 20. Juli 1944, zugleich in die Geschichte des NS-Regimes und seiner Umwälzung. Denn beide waren in gewisser Weise „Doppelspieler"[108] und über viele Jahre tief in die Verbrechen des Regimes verstrickt. Nebe hatte sogar über Wochen eine Einsatzgruppe geführt, die mehr als 40000 Menschen erschossen hatte. Helldorff war in der Konsolidierungsphase des NS-Staates an der Unterdrückung der Opposition beteiligt. Mit großer Wahrscheinlichkeit war er über die Verhaftung Papens informiert.

Im Transportfahrzeug der Polizei schossen Felix von Papen Berichte über die Beseitigung von Regimegegnern in den Kopf, die angeblich „auf der Flucht erschossen" worden waren, vielleicht befürchtete er, neuen Verfolgungsqualen nicht gewachsen zu sein. So kam es im Polizeiwagen zu einem neuen Selbstmordversuch. Er hatte insofern ein besonderes Glück, als er mit seinen Verletzungen in ein Spandauer Krankenhaus eingeliefert wurde und seine Ärztin eben erkannte, in welche Lage er sich befand. Nach seinem zweiten Selbstmordversuch hatte diese Ärztin aber nur die Verlegung in das Berliner „Staatskrankenhaus" erreichen können. Nach dem gescheiterten Selbstmordversuch entschied Papen sich, die Ankündigung seines Hungerstreiks wahrzumachen und mit der sehr rasch den Tod herbeiführenden Weigerung zu verbinden, Flüssigkeit zu sich zu nehmen.

---

[106] Bruno Frei, Der Hellseher. Leben und Sterben des Erik Jan Hanussen. 2. Auflage, Köln 1980.

[107] Ted Harrison, „Alter Kämpfer" im Widerstand. Graf Helldorff, die NS-Bewegung und die Opposition gegen Hitler, in: Vierteljahreshefte für Zeitgeschichte 45 (1997), S. 385–423.

[108] Walter Kiess, Der Doppelspieler. Reichskriminaldirektor: Arthur Nebe zwischen Kriegsverbrechen und Opposition, Stuttgart 2011.

Am dritten Tag schien sich sein Körper derart umgestellt zu haben, dass es Papen schien, er hätte sein Ziel erreicht. „Ich sah den Tod nicht mehr als Schrecken". Die Gestapo veranlasste seine Entlassung und überführte den Geschwächten wieder in das Gefängnis am Alexanderplatz. Dort setzte sich ein Arzt für ihn ein, der angab, „seines Lebens so wenig sicher zu sein" wie Papen selbst. Von dort aus konnte aus ärztlichen Gründen unter Verschärfung der Meldepflicht seine Entlassung erfolgen. In dieser Lage reifte der Entschluss, Hitler „zu einem klaren Bekenntnis" zu zwingen, dass Papen Opfer einer „Freiheitsberaubung" geworden sei.[109]

Bereits an mehreren Stellen seines Berichts war deutlich geworden, dass Papen manche der Schilderungen Gerüchten verdankte, die ihm vermutlich von dritter Seite zugetragen worden waren. Ein Attentat auf Himmler, der sich auf dem Weg zu Göring befand, die Erschießung eines Sanitäters durch den Arzt, der Papen aus dem Gefängnis befreit hatte, schließlich die Behauptung, dieser hätte in die Harnröhre von Gefangenen Salzsäure inkubiert – es waren vielfach einfach phantastische Geschichten, die ohne ihren Wahrheitsgehalt anzunehmen das Maß einer Verunsicherung deutlich machten, die Verschwörungsvorstellungen reifen ließ. Papen schien Göring, der von ihm allerdings als „König der Fetten"[110] tituliert wurde, für eine Ausnahme in dem „Kampf" zu halten, der unter Parteiführern ausgebrochen sei. Dieses Gerücht bezog sich vermutlich auf die Auseinandersetzung mit Gregor Strasser.

Dass Versicherungskonzerne sich bei Göring über Zahlung oder Abtretung hoher Versicherungssummen beklagt hätten, die auf Antrag erpresster Häftlinge fällig geworden seien, ist ebenso unbelegt und unvorstellbar wie der Konflikt zwischen Reichswehr und SS-Führung um die Herausgebe von Akten über die Mordaktion. Vielmehr wird deutlich, dass die oppositionellen bürgerlichen und konservativen Kräfte weiterhin in der Reichswehr einen Ordnungsfaktor erblickten. Es ist auch nicht überliefert, dass SS-Einheiten das Reichswehrministerium besetzt hätten. Papens Überlegungen machen überdeutlich, in welchem Maße seine Erinnerungen die historischen und politischen Fakten verfehlen. Indem er aber viele der Gerüchte aufgreift, die kursierten, zeigt der Text, dass sein Wert in der Erschließung eines kritischen Denkens zu sehen ist, das sich gegen die NS-Führung wandte. So erwähnt er Görings Macht- und Repräsentationswillen, seine Morphium-Abhängigkeit, aber auch seine Fixiertheit auf den preußischen Kronprinzen Wilhelm.[111] Teilweise wurden die Vermutungen gleichsam plausibel durch später eingetretene Ereignisse wie die Blomberg-Fritsch-Krise, die Papen wiederum gerüchteweise skizziert.[112] Auch Auseinandersetzungen zwischen Gürtner und Himmler gründeten sich auf die Annahme polykratischer Konflikte.

---

[109] Papen, S. 30.
[110] Papen, S. 41.
[111] Papen, S. 41.
[112] Papen, S. 32 f.

Papen reflektiert die Frage nach einer Gegenmacht, die den Nationalsozialismus in die Schranken weisen könnte, und argumentiert mit einer spekulativen Frage, die viele Vorbehalte seiner Schicht artikulierte: „Glauben sie etwa, Herr Hitler, dass das deutsche Offizierskorps auf die Dauer den ehemaligen Malergesellen und Gefreiten als ihren obersten Befehlshaber anerkennen wird?" Überzeugt davon, dass sich die Reichswehr ihrer „alten Tradition besinnen würde", war die Antwort, die Papen sich selbst gab, eindeutig: „Niemals!"

Nach einem Exkurs, der den Blick auf die Krisen in der Reichswehrführung von 1938 und der Demission Becks gelenkt hatte, wandte sich Felix von Papen wieder seinem eigenen Schicksal zu, das durch die Rückkehr nach Kladow und die Pflege seiner Frau geprägt war. Er hatte wahrgenommen, dass auf dem Nachbargrundstück, der Villa Oeding, Goebbels wohnte. Der hatte sich allerdings in Berlin bereits eine Dienstwohnung einrichten lassen und 1936 ein Grundstück in Schwanenwerder erworben. Papen berichtete hingegen von Spaziergängen von Goebbels und Hitler durch den großzügig angelegten Garten.

Tatsächlich hatte Hans Albers, der als der „vorherige Pächter" benannt wird, in der Villa Oeding gewohnt, ehe er nach Sternberg übersiedelte. Papen hatte vermutlich von dem anspruchsvollen Villenprojekt Goebbels in der Inselstraße 8 auf Schwanenwerder gehört und erneut Gerüchte aufgegriffen. Dennoch schienen seinen Mitteilungen authentisch, denn Papen berief sich auf einen von ihm als Gewährsmann benannten „Gärtner". Die Absicht seiner Berichte war, die Korruption und den Geschäftssinn der NS-Führungsschicht zu beweisen, nicht zuletzt aber auch die Propaganda und die „Lügenmethoden"[113] zu entlarven, die den Erfolg der NSDAP in Berlin erklären sollten, für die Goebbels verantwortlich gemacht wurde. Während Göring mehrfach in ein günstigeres Licht gerückt wird, weil er sich für die Freilassung von Häftlingen einsetzte, wird Goebbels[114] als ein Parvenü geschildert, der seine Vorteile – sein „großes Geschäft"[115] – suchte.

Felix von Papens ökonomische Politikverständnis schlägt sich nicht zuletzt in einer Bemerkung nieder, die Goebbels charakterisieren soll: Es hätte als „richtiger Demagoge" die Aufgabe zu übernehmen, für Hitlers „Firma am besten die Massen Berlins (zu) gewinnen" und „Spenden" einzusammeln. Um Goebbels verworrene Lebens-bzw. Beziehungsgeschichte zu Frauen rankten sich viele Gerüchte, die Felix von Papen kolportierte. Goebbels Frau Magda war ein ergiebiges Objekt durch Herkunft, Verheiratung mit dem Industriellen Günther Quandt, durch Scheidung und Heirat mit Goebbels. Es war ein negatives Bild, das gezeichnet wurde. So war es unzutreffend, dass Quandts Sohn Harald „gleich nach der Machtergreifung" dazu diente, Goebbels Frau „den Anstrich einer guten deutschen Mutter" zu geben, denn in der Scheidung wurde 1929 das Sorgerecht der von Quandt geschiedenen Magda zugesprochen. Quandt selbst gehörte zu den Unterstützern der NSDAP und spendete

---

[113] Papen, S. 34.

[114] Vgl. allgemein Peter Longerich, Goebbels. Biographie. München 2010.

[115] Papen, S. 34.

großzügig, er wurde nicht wegen Unterschlagungen und Bücherfälschungen verhaftet und auch nicht gegen eine Kaution freigesetzt.[116]

Dabei zeigte sich Papen vor allem dann gut informiert, wenn er Funktionäre wie den Münchener Kommunalpolitiker Christian Ludwig Weber[117] oder Hitler Fotografen Heinrich Hoffmann[118] beschrieb. Um sie zu charakterisieren, beschrieb er ihr inkonsequentes Verhalten. Besonders wichtig war es ihm, dabei Kontakte zwischen Juden und Nationalsozialisten hervorzuheben[119] oder den verwachsenen Goebbels als „anormal kleinen, verkrüppelten, moralisch minderwertigen Menschen" zu bezeichnen, der es wage, „über die Vorzüge der nordischen Rasse zu sprechen".[120]

XI.

In München wurde Felix von Papen nicht heimisch. Das macht er an der Schilderung des Tages der deutschen Kunst deutlich, der „mit großem Getrommel und Geschrei" zelebriert wurde und ihm bewies, dass die „brutale Gewalt ... den Geist" besiegt hatte. Wie seine Schilderung der Eröffnung zeigte, zeichnete sich seine Einstellung zu den führenden Nationalsozialisten durch eine entschiedene persönliche Ablehnung aus, die sich auf seine Kenntnis von Verfehlungen stützte. Er hielt das NS-System für im Grund korrumpiert, kolportierte er doch Görings Kunstraub, Franks Korruption, Leys gemeinsam mit Baldur von Schirach eingefädelte angebliche „Millionenunterschlagung" und Bereicherung. Umso erstaunlicher ist, dass die Einsicht in die korrumpierte Struktur des Systems seine Hoffnung begründen konnte, seine Wiedergutmachung gegen die Entscheidung Hitlers zu betreiben.

Durch seine Bekanntschaft mit einem der Adjutanten Hitlers verfestigte sich die seit langem gehegte Absicht Papens, durch einen persönlichen Vorstoß bei Hitler seine Rehabilitation zu erreichen, zumindest aber das Eingeständnis eines rechtsverletzenden Verhaltens zu erzielen. Er versuchte, sich über Wilhelm Brückner Zugang zu Hitler zu verschaffen. Brückner galt als enger Gefolgsmann Hitlers und dessen Leibwächter, war oft in dessen Begleitung zu sehen und galt als leutselig. Papen erschien er als schwerfällig, als „Elefant ... nur mit dem Unterschied, daß ein Elefant klüger" sei.[121] Am 19. August 1936 wandte sich Papen an Hitler. Er schrieb, Hitler aufgefordert zu haben, „sadistische Ausschreitungen und Freiheitsberaubungen" zu beenden.[122] Kern seines Anliegens war es jedoch, mit der Entschuldigung

---

[116] Papen, S. 35.

[117] Thomas Martin, Aspekte der politischen Biographie eines lokalen NS-Funktionärs. Der Fall Christian Weber, in: Zeitschrift für Bayerische Landesgeschichte 57, 1994, S. 437 ff.

[118] Christina Irrgang, Hitlers Fotograf. Heinrich Hoffmann und die nationalsozialistische Bildpolitik, Bielefeld 2020.

[119] Das berührte sowohl die Beschreibung von Goebbels, dessen Frau Magda oder Hoffmann, etwa Papen, S. 35 und diente Papen dazu, die Unglaubwürdigkeit der NS-Führungsschicht zu illustrieren.

[120] Papen, S. 35.

[121] Papen, S. 38.

[122] Papen, S. 38.

auch eine Entschädigung zu erhalten. Bearbeitet wurde die Eingabe durch Werner Best[123], damals stellvertretender Leiter der Hauptabteilung I (u. a. Recht) im Geheimen Staatspolizeiamt, der sowohl den Schadenersatz als auch eine Ausgleichzahlung ablehnte und betonte, die Maßnahmen seien „seinerzeit zur Recht verfügt und ordnungsgemäß verfügt worden", da sich Felix von Papen dem „Verdacht staatsfeindlicher Betätigung" ausgesetzt hätte.[124] Der von Best angedeutete Verzicht auf Entschädigung sei „mit der Faust" erzwungen worden.

Papen fühlte sich durch die Antwort Bests persönlich verunglimpft. Seine Reaktion zielte nun nicht mehr allein auf die Schilderung seines persönlichen Schicksals, sondern verallgemeinerte seine Erfahrungen, wäre doch nun bestätigt, dass sie nicht nur von nachgeordneten Amtsträgern, sondern von Hitler selbst „gebilligt" worden seien. Er wollte nun stellvertretend für andere Häftlinge handeln und zumindest die Lagerverhältnisse „schildern". Deutlich wurde andererseits seine Machtlosigkeit, glaubte er doch, Reichsinnenminister Wilhelm Frick als „Angehörigen des alten Beamtentums" ansprechen zu sollen, nicht zuletzt, weil dieser „den aus dem Männerasyl Wiens kommenden arbeitsscheuen Malergehilfen" Hitler eingebürgert hätte.[125]

Den Anlass für seine Intervention bot ein weit verbreiteter Zeitungsartikel über die Misshandlung eines Deutschen durch „tschechische Folterknechte", der am 18. 6. 1937 in, wie Papen betont, „allen deutschen Zeitungen" veröffentlicht worden war. Papen nutzte hier eine Taktik der Verunsicherung, indem er seine politischen Gegner mit ihrem Parallelvergehen konfrontierte. Er berief sich auf diesen Artikel in seiner Eingabe vom 14. 9. 1937 und wollte dadurch belegen, dass Häftlinge in Deutschland ähnlich, wenn nicht schlimmer terrorisiert würden, weil es sich doch um eine Unterdrückung von Deutschen durch Deutsche selbst handelte. Sein Versuch scheiterte erneut an der Verweigerung einer Zustimmung durch die Partei in Person des Stellvertreters des Führers, Rudolf Hess.[126]

Gegenüber Frick schien Papen erstmals den Wunsch geäußert zu haben, Deutschland zu verlassen, emigrieren zu wollen. Im Falle einer Weigerung, seinen Anspruch anzuerkennen, hätte er seinen „Glauben an Deutschland" endgültig verloren. Wenn er weitere Skandalgeschichten und Gerüchte über Eskapaden Otto Nippolts, des stellvertretenden oberbayerischen Gauleiters und Münchener Kreisleiters sowie des Vertreters von Goebbels Propaganda-Ministerium in Bayern ausbreitete[127], so war im Zusammenhang mit dem Hinweis auf Kronprinz Ruprecht von Bayern zugleich angedeutet, dass er Kontakte zu den monarchischen Oppositions-

---

[123] Ulrich Herbert, Best. Biographische Studien über Radikalismus, Weltanschauung und Vernunft. 1903–1989, Bonn 1996 (3. Aufl.).
[124] Papen, Abdruck des Briefes S. 45.
[125] Papen, S. 39.
[126] Abdruck des Briefes bei Papen, S. 37.
[127] Papen, S. 43.

kreisen hatte, die vermutlich ebenso gut wie kritisch über das Münchener Parteimilieus informiert waren.

Papen, der sich auf eine Kur in Württemberg begeben wollte, bestärkte die Ablehnung seiner Gesuche in seiner negativen Haltung gegenüber der NSDAP. Da er sich weitgehend ausgeliefert fühlte, konnte er nur noch antinationalsozialistische Witze registrieren, ein Zeichen der inneren Distanz und zugleich der Machtlosigkeit, nicht zuletzt auch der Erfolglosigkeit, für das eigene Recht und die eigene Ehre eintreten zu können. Dass er den Eindruck erweckte, er hätte Frick um Vermittlung gebeten, war einerseits Beleg seiner Verbindungen, zum anderen seines Mutes, für seine Gerechtigkeitsvorstellung einzutreten. Den Ausdruck seiner Verachtung legte Papen in die gerüchteweise kolportierte Herkunftsgeschichte und die Unterstellung einer „Rassenlosigkeit", die zugleich den Antisemitismus Hitlers erklären solle, denn „bekanntlicherweise sind Mischlinge die größten Antisemiten".

Diese Passagen seines Berichtes machen deutlich, andere überdies, in welchem Maße Papen Denkvorstellungen teilte, die rassenideologisch kontaminiert waren und sich vor allem dadurch erklären lassen, dass versucht wurde, den Nationalsozialisten nachzuweisen, dass sie ihre eigenen Ansprüche und Ziele verfehlten. Eigentlich hätte Papen sich diese Gedanken strikt verbieten müssen. Das traf vor allem auf jene Behauptungen und Unterstellungen zu, die die Unterstellung einer rassenideologisch begründeten Minderwertigkeit gegen führende Nationalsozialisten aufgriffen und verbreiteten. Nicht zuletzt wurde deutlich, in welchem Maße Verfolgte durch ihre Unterdrücker beeinflusst werden konnten, die sie diffamiert und entrechtet, aus der „Volksgemeinschaft" ausgeschlossen und als schädlich für Volk und „Rasse" bezeichnet hatten.

XII.

Papen hatte Deutschland im Januar 1938 mit einem gültigen Pass verlassen. Er suchte wie viele andere Emigranten eine – sich als trügerisch herausstellende – Zuflucht in den Niederlanden. Flüchtlinge bauten auf die Neutralität des Landes und konnten sich nicht vorstellen, dass es militärisch von der deutschen Wehrmacht in nicht einmal einer Woche überwältigt werden würde. Insofern fühlte er sich mit seiner Familie insofern in einer gewissen Sicherheit, als dieses für ihn ungemein wichtige Dokument nach seiner Ausreise noch fünf Jahre gültig sein sollte. Das Regime schlug allerdings mit den Möglichkeiten zu, die sich ihm boten: Mit der am 19. Juli 1939 erfolgten Ausbürgerung wurde Felix von Papen mit der Nummer 115 auf der Ausbürgerungsliste 124 seiner Staatsbürgerschaft beraubt. Nun gehörte er zu den Staatenlosen, denen der Nansen-Pass nur eine beschränkte Freizügigkeit gewährte.[128]

---

[128] Kathrin Kollmeier, Das Nansen-Zertifikat. Ein ambivalentes Schlüsseldokument des ersten internationalen Flüchtlingsregimes, in: Zeithistorische Forschungen 16 (2019), S. 354–362.

Das war zugleich eine neue Gewalterfahrung. Ende 1933 hatte er nicht nur die Einschränkung seiner Freizügigkeit und brutale körperliche Gewalt erfahren, sondern auch Recht- und Schutzlosigkeit, die sich von der neuen Erfahrung der Staatenlosigkeit unterschied. Mehrmals war er in Deutschland entschlossen gewesen, sich das Leben zu nehmen. Nun musste er für seine Familie und den Selbsterhalt kämpfen. Das gemeinsam verfasste und erhaltene Tagebuch seiner Frau und Tochter spiegelt diese Herausforderung und Verpflichtung.

Erstaunlich bleibt, dass Felix von Papen über seine Familie, vor allem über seine beiden vor seiner Verhaftung 1941/42 geborenen Kinder, in seinem Bericht kein Wort findet. Auch dies ist erklärbar, denn Familie machte den Regimegegner, ob er an der inneren oder äußeren Front Hitlers System bekämpfte, zusätzlich erpressbar und verletzlich. Wenn sich in seinem Bericht, der möglicherweise die Entscheidung der Nationalsozialisten über seine Ausbürgerung beeinflusste, eine einzige Erwähnung seiner Frau im Zusammenhang mit seiner Wiederherstellung seiner Kräfte und seiner Gesundheit nach der Haft 1935 findet, die Kinder aber verschwiegen werden, so macht dies zugleich seine Einsamkeit und seine Bemühung deutlich, seine Angehörigen zu schützen. Dies Schweigen diente so vermutlich der Sicherheit seiner Angehörigen. Die überdeutliche Schilderung der von ihm erlittenen Gewaltexzesse steht in einem merkwürdigen Kontrast zu seinem verschwiegenen Familienleben, über das wir erst nach 1945 informiert wurden.

Die Lücke wird ein wenig durch das Interview gefüllt, das Gerth Corstens mit Victoria (Vicky) van Asch van Wijck, Papens jüngstem Kind, führte. Bis heute bleiben Fragen offen. Weshalb sein Verwandter, der deutsche Vizekanzler Franz von Papen ihm sogar zu seiner Ausbürgerung verholfen haben sollte, wie es in dem entsprechenden Wikipedia-Artikel heißt, ist unerklärlich. Die dort angegebenen Belege verzeichnen lediglich seinen Namenseintrag in der entsprechenden Liste der Ausbürgerungen.[129] Ebenso unverständlich ist, dass Franz von Papen, der einen großen Teil seines zuvor eingezogenen Vermögens zurückerhielt, die durch den Nationalsozialismus mehrfach geschädigte Familie nicht unterstützte und kein engeres Verhältnis zu den Kindern entwickelte. Dies entspricht vielleicht seiner Persönlichkeitsstruktur, die sich durch Selbstbezug auszeichnete. Erstaunlich ist auch, dass sich die europäische Nachkriegsgesellschaft, nicht nur die deutsche, sondern auch die der ehemals von der Wehrmacht besetzten Gebiete, so schwertat, Regimegegnerschaft anzuerkennen und den Überlebenden und Nachlebenden Unterstützung zukommen zu lassen. Bewundernswert und dennoch schwer verständlich ist der Geist der Versöhnung, der Felix von Papens Witwe beseelte. Sie wirkte eher als Brückenbauerin, war nicht nachtragend, vielleicht auch, weil alle Exemplare des Berichts beschlagnahmt und vernichtet worden waren. Lou de Jong, der niederländische Historiker des Weltkriegs, machte ihn der Familie zugänglich.

---

[129] Michael Hepp/Hans Georg Lehmann, Die Ausbürgerung deutscher Staatsangehöriger 1933–1945 nach den im Reichsanzeiger veröffentlichten Listen, München 1985, S.192.

Damit wurde eine Quelle erneut bekannt, die die Verarbeitung von zeitgeschichtlichen Erfahrungen deutlich macht. Es handelt sich um eine wichtige Quelle zur Ego-Geschichte eines Häftlings, dem die Nationalsozialisten ebenso wie seiner Familie die Zukunft nahmen. Er war ein Kind seiner Zeit und doch aus der Zeit herausgestoßen. Er macht deutlich, wie Nationalsozialisten mit ihren Gegnern umgingen, die als Feinde ihrer Volksgemeinschaft und als Feinde von Volk und Staat gesehen wurden. Felix von Papens Bericht macht deutlich, dass der Führer nicht das Recht setzte, sondern das Unrecht legitimierte.

Es gehört zur Tragik von Felix von Papen, dass er dies nicht akzeptieren wollte, dass er nicht nachließ, für sein Recht zu kämpfen. Irgendwann wurde ihm bewusst, dass es nicht nur um sein Recht, sondern um das Recht allgemein, um Anerkennung der Würde des Menschen und die Verpflichtung des Staates ging, Willkür zu verhindern und Rechtsverstöße zu ahnden, und es damit auch um das Unrecht ging. Felix von Papen sah die Entwicklungen, die sein Leben umstürzten, aus den Horizonten seiner Gegenwart, fast als Kind seiner Zeit. Insofern sind auch seine zuweilen spürbaren rassistischen Argumente zeitbedingt. Es bleibt der Versuch, die Grenzen des Staates zu markieren und Grenzverletzungen nicht hinzunehmen.

XIII.

Heute erinnert auf dem Friedhof in Werl ein Gedenkstein an Felix von Papen als Gegner und Opfer des NS-Regimes. Es war gut, dass 2017 eine von Janneke Panders verantwortete Übersetzung in den Niederlanden erscheinen konnte.[130] Und es ist ein Gebot eines verantwortlichen Umgangs mit historischen Erfahrungen, an Felix von Papen zu erinnern. Er kann nicht löschen, was wir mit Franz von Papen verbinden. Sondern er macht deutlich, dass es nicht auf den Namen, sondern auf Verhalten, auf Wahrnehmen, Handeln, auf Selbstbehauptung ankommt. Felix von Papen konnte sich den Erfolg Hitlers nur unter der Annahme erklären, dass das deutsche Volk „nicht politisch denken"[131] konnte. Seine Hoffnung war, dass „sich das deutsche Volk ... wieder finden" würde, „sobald die Wehrmacht zum Sturme blasen wird". Hier täuschte sich Felix von Papen, denn weder im Zusammenhang mit der Röhm-Krise, die Hans Oster als einen Wendepunkt seines Denkens nannte, noch beim Rücktritt des Becks 1938, im Zusammenhang der September-Krise 1938 kam es zu dieser von ihm erhofften Reaktion. 1943, als sich Felix von Papen als Häftling des KZ Buchenwald in der Universitätsklinik Jena befand, scheiterten mehrere Versuche, Hitler zu töten. Diesem Ziel kam erst Claus von Stauffenberg „denkbar nahe" (Hans Rothfels), als er am 20. Juli 1944 im Zuge der Operation Walküre durch einen Anschlag „Politik wieder ermöglichen wollte" (Hans Mommsen). Wäre der Anschlag gelungen, hätte auch Felix von Papen wieder die Freiheit erlangt. Als 35jähriger hätte er unter normalen Umständen noch eine lange Lebenszeit vor sich

---

[130] Felix von Papen – Een Von Papen spreeckt: over zijn ervaringen in Hitler-Duitsland. Een uniek oorlogsdocument (wie Anm. 3).

[131] Papen, S. 33.

haben können und sich daran beteiligen können, „im heutigen Deutschland das Mittel zur Genesung Europas (zu) sehen."[132]

Im Berliner Deutschen Historischen Museum ist eine Ausstellung unter dem Titel „Roads not taken" zu sehen.[133] Dabei geht es um das Nachdenken über historische Alternativen. Fantasie soll nicht nur durch „If-History", also durch „ungeschehene Geschichte" (Alexander Demandt) angeregt werden, sondern die Suche nach realistischen Begründungen für geschichtliche Fehlentwicklungen und damit für nicht nur utopische Alternativen befördern. Felix von Papen macht beispielhaft deutlich, wie in der Auseinandersetzung mit der Gegenwart politische Positionen reflektiert, korrigiert und überwunden werden, die er möglicherweise einmal geteilt hatte.

Felix von Papen wurde auf eine denkbar brutale Weise mit dem „Dritten Reich" konfrontiert, das beanspruchte, die deutsche Geschichte für 1000 Jahre zu vollenden und sich doch schon nach Wochen als ein terroristisches, zynisches und menschenverachtendes System entpuppte, das historisch gesehen keine Zukunft hatte. So wurde er wie andere Regimegegner auch zum Repräsentanten seiner Zeit und zu einem Menschen, der durch seine Erfahrungen dazu beitrug, den Begriff der menschlichen Würde neu zu denken. So, wie ihm seine vor ihm liegende Geschichte geraubt wurde, wie seine Frau und Kinder nicht die Opfer seiner Entschlossenheit, sondern des Regimes wurde, so geschah es manchen der Regimegegner, die stellvertretend handeln wollten und scheiterten, weil „ein Verdacht genügt (hatte), heute in Deutschland einen Menschen einzusperren und halb totzuschlagen".[134]

---

[132] Papen, S. 9.

[133] Fritz Backhaus u. a. (Hg.), Roads not Taken – oder: es hätte auch anders kommen können. Deutsche Zäsuren 1989–1848, München 2023.

[134] Papen, S. 39.

Vicky van Asch van Wijck

Geert Corstens im Gespräch
mit der Tochter von Felix von Papen

Ihr Vorname ist Victoria, wollten Ihre Eltern damit etwas Besonderes zum Ausdruck bringen?

Meine Eltern hofften, dass der Krieg bald zu Ende gehen würde, Victoria bedeutet Sieg. Meine Eltern wollten mich eigentlich Beatrix Victoria Mathilde Geraldine nennen. Aber der Name Beatrix wurde nicht zugelassen, da die Besatzer keine Namen erlaubten, die an das holländische Königshaus erinnerten.

Victoria wurde so mein erster Name in der Hoffnung, dass bald die Alliierten siegen würden. Mathilde war der Name meiner Mutter, sie wurde Tilly genannt. Meine Geburtsurkunde wurde erst am 25. Februar 1942 ausgestellt, nachdem mein Vater zum zweiten Mal festgenommen wurde. Meine Eltern hatten sich nicht getraut mich vorher anzumelden, da sie ja dann ihre Adresse hätten bekannt geben müssen und das erschien ihnen zu gefährlich. So kam es, dass ich beinah ein Jahr lang offiziell nicht bestanden habe.

Haben Sie noch eine Erinnerung an Ihren ersten Aufenthalt in den Niederlanden? Und wenn ja, welche?

Nein. Kurz nach der Gefangennahme meines Vaters ging meine Mutter mit uns drei Kindern zurück zu ihrer Familie nach Württemberg. Direkt nach dem Ende des Krieges wurden wir mit der Unterstützung der amerikanischen Verwaltung im Jagdhaus von der Burg Stettenfels, in der Nähe von Heilbronn, untergebracht. Die Burg gehörte einer Familie, die alles verlassen hatte und nach Amerika emigriert war. Auch die amerikanischen Truppen lebten in der Burg.

Können Sie sich an Ihren Vater erinnern?

Nein, ich bin im März 1941 geboren und mein Vater wurde im Februar 1942 verraten und gefangen genommen. Ich war noch zu klein, um mich an meinen Vater erinnern zu können. Die Erinnerungen liefen über meine Mutter und meine Schwester. Mein Bruder Gaudenz ist 1939 geboren und war auch noch zu jung, um sich zu erinnern.

Meine ältere Schwester, die 1936 geboren ist, hat die Zeit in Amsterdam sehr emotional in Erinnerung behalten und sie hat mit meiner Mutter Einiges davon notiert, damit wir es auch erfuhren.

Allerdings wollte meine Mutter nicht viel über die Zeit, in der wir uns verstecken mussten, sprechen, um uns nicht zu belasten.

Für Frauen Ihrer Generation war es üblich den Namen des Mannes anzunehmen. Gab es bei Ihnen da noch einen weiteren Grund?

Durch Franz von Papen, Cousin zweiten Grades meines Vaters, war der Name „von Papen" negativ belastet, da er Hitler sozusagen „in den Sattel" geholfen hatte. Hinzu kommt natürlich, dass ich als Person akzeptiert werden wollte und nicht als „Deutsche".

Welche Erfahrungen haben Sie als Deutsche in den Niederlanden der Nachkriegszeit gemacht?

Durch meine Heirat mit Henrick van Asch van Wijck kam ich also zurück in die Niederlande.

Ich wollte gerne in meiner Geburtsstadt Amsterdam wohnen, mit der ich mich sehr verbunden fühlte. Ich muss zugeben, dass ich nicht auf die deutschlandfeindliche Einstellung vorbereitet war.

Ich hatte einen VW Käfer mit deutschem Kennzeichen. Die Fenster wurden eingeschlagen und das Auto zerkratzt, so dass ich schnell ein holländisches Kennzeichen beantragte. Ich war mir dessen bewusst, dass diese Angriffe nicht persönlich gegen mich gerichtet waren, sondern gegen die Nazis.

Und ja, es war nicht einfach. Nach dem Krieg war „deutsch" sozusagen Synonym für „Nazi" und da mein Vater im Widerstand gegen Hitler gekämpft hatte, konnte ich das so nicht auf mir sitzen lassen. Menschen verhielten sich anders, wenn sie meinen deutschen Akzent hörten oder erzählten mir, dass sie auf keinen Fall über Deutschland in die Schweiz fuhren. Alle Deutsche wurden damals über einen Kamm geschoren.

In der Hoffnung, mich vor falschen Vorurteilen zu schützen, erzählte mein Schwiegervater unseren Hochzeitsgästen, dass mein Vater im Widerstand gekämpft hatte. Ich persönlich wollte nicht so viel darüber sprechen.

Bis in den 80er Jahren ein Wendepunkt kam. An einem Tag kamen meine Söhne sehr aufgebracht und unglücklich aus der Schule nach Hause. Sie erzählten, dass einige Kinder zu ihnen gesagt hätten, dass ihre Mutter eine „Mof" (Schimpfwort für deutsche Nazis) sei. Da habe ich meinen Kindern gesagt, dass sie stolz auf ihren deutschen Großvater sein könnten, der so mutig gegen die Nazis gekämpft hatte.

Haben Sie Nachkommen von Franz von Papen kennengelernt?

Es gab viel Spaltung in den Familien, diejenige, die für die Nazis waren und diejenige, die gegen die Nazis waren. Meiner Mutter war jede Form von Rachegefühlen fremd, daher nahm sie die Einladung von Franz von Papen an und wir haben die Familie zwei Mal getroffen.

Wie ist Ihre Mutter mit dem Unrecht umgegangen, was ihr angetan wurde?

Meine Mutter verzichtete bewusst darauf, den Verräter meines Vaters anzuzeigen, der unser Nachbar gewesen war. Sie sagte, dass auch er kleine Kinder hatte und dass sie diesen nicht auch noch den Vater nehmen wollte.

Und sie verzichtete darauf, den niederländischen Staat anzuzeigen, da er das Buch, welches mein Vater selbst drucken ließ, später verboten hat. Meine Mutter sagte immer, dass sie auch viel Hilfe und Unterstützung in Holland durch Freunde und Nachbarn erfahren hatte.

Es gibt ein Gemälde, das von unserer Familie geraubt wurde und nun in einem Museum hängt. Die Reaktion meiner Mutter darauf war nur: „Es ist doch schön, dass jetzt so viele Menschen dieses Bild bewundern können".

Wurde in Ihrer Familie über die Rolle Ihres Vaters in der Nazizeit gesprochen?

Nein, das war höchst selten. Meine Mutter wollte uns damit nicht belasten.

Wann haben Sie die Aufzeichnungen Ihres Vaters zum ersten Mal gelesen?

Mein niederländischer Schwiegervater hat das Büchlein von dem bekannten Professor Lou de Jong (auch genannt „das Gewissen der Niederlande"), der über die Geschichte der Niederlande im Zweiten Weltkrieg geschrieben hat, ausgeliehen. Das war das erste Mal, dass ich die Aufzeichnungen meines Vaters gelesen habe.

Im Krieg hatte es bei uns Hausdurchsuchungen gegeben und alle Bücher wurden vernichtet.

Können Sie sich noch erinnern, welchen Eindruck dieses Buch auf Sie gemacht hat?

Ich konnte nächtelang nicht schlafen, es hat mich sehr beschäftigt. Mein Bruder hat es auch gelesen. Meine ältere Schwester, die selbst als Kind durch den Krieg traumatisiert war, hat es nicht fertig gebracht das Buch meines Vaters zu lesen.

Haben Sie mit anderen (innerhalb und außerhalb der Familie) gesprochen?

Ja, mit meinem Mann, meinem Bruder und meiner Schwester konnte ich darüber sprechen. Auch mit meiner Mutter, das war in den ersten Jahren meiner Ehe. Ich wollte immer, dass die Menschen mich so akzeptieren, wie ich bin. So wie ich oben bereits gesagt habe, es geht nicht darum ein Urteil zu fällen, weil ich Deutsche bin oder weil ich die Tochter eines Widerstandskämpfers bin.

Das ist der Anfang aller Diskriminierung: Menschen nicht beurteilen so wie sie sind, sondern Vorurteile haben wegen ihrer Herkunft, Religion, Nationalität usw....

Das Buch Ihres Vaters wurde nicht sehr bekannt, wie sind Sie dazu gekommen nach so vielen Jahren das Buch wieder zu veröffentlichen?

Vor einigen Jahren habe ich einer Person, die bereits gestorben ist, versprochen, dieses Vermächtnis zu publizieren. Es ist wichtiger denn je zu zeigen, wie Systeme Menschen in den Griff bekommen und wie entscheidend es ist, diesem zu widerstehen. Es ist sehr wesentlich, einen Kompass zu haben, der jeden von uns entsprechend seinen Werten handeln lässt. Und es ist auch wichtig, immer wieder vor Augen zu führen, wieviel Menschen in jedem dieser Kriege leiden.

Was passierte mit dem Buch, nachdem es publiziert wurde?

Das Buch wurde schnell beschlagnahmt, da ein „befreundetes Staatsoberhaupt beleidigt wurde".

Haben Sie jemals mit dem Nachfolger Ihres Schwiegervaters, Gerard Langemeijer, Generalstaatsanwaltschaft Oberster Gerichtshof, gesprochen?

Ja, Herr Langemeijer, der mit meinen Schwiegereltern befreundet war, hatte meinem Vater sehr davon abgeraten, die Kritik so deutlich gegen Hitler zu richten.

Es gibt auch ein Tagebuch Ihrer älteren Schwester. Wurde das jemals publiziert und wenn nicht, warum?

Meine Mutter und meine Schwester haben das Tagebuch zusammen geschrieben. Es gab einen Verlag, der Interesse daran hatte. Aber meine Mutter meinte, dass die ganze Aufmerksamkeit auf das Tagebuch der Anne Frank gerichtete werden sollte, daher hat sie eine Publikation nicht befürwortet.